최진석의
대한민국
——읽기

최진석의
대한민국
──읽기

최진석 지음

북루덴스

이제는 건너가자

일반적으로 횡행하는 시각에서 볼 때, 이 책은 철학적이기보다는 정치적으로 받아들여지기가 더 쉽겠습니다. 제가 갈고 닦은 철학적인 시각으로 지금의 대한민국의 현실을 읽었지만, 저를 '철학자'로만 알고 좋아하셨던 분들은 다소 놀라거나 실망할 수도 있습니다. 2017년 1월에 출간한 졸저 《탁월한 사유의 시선》에서 이미 주장한 바 있듯이, 지금 우리에게 가장 중요한 일은 중진국에서 선진국으로, 전술 국가에서 전략 국가로, 추격 국가에서 선도 국가로 건너가는 일입니다. 그런 도약을 이끌 힘을 '탁월한 사유의 시선'이라고 했던 것입니다. 통일도 통일을 이룰 수 있는 높이로 시선이 올라가야 비로소 가능합니다. 진정한 독립과 풍요도 다 그렇습니다. 인간은 자기가 가진 시선의 높이 이상은 절대 할 수 없도록 되어 있습니다. 시선의 높이는 그만큼 치명적입니다. 통일 같은 전략적인 문제를 감성과 믿음으로 얼버무린 전술적 수준의 시선을 가지고 덤비면 오히려 통일로부터 멀어질 뿐입니다. 이것은 무슨 대단한 예측이 아닙니다. 세상 이치가 그렇습니다. 우리는 이제 추격 국가에서 선도 국가로 도약하고, 일등을 추구하던 습관을 일류를 추구하는 습관으로 높여야 합니다. 다른 사람들이 한 생각의 결과로 살던 삶에서 스스로 생각하여 사는 삶으로 건너가야 합니다. 시선을 높이려는 노력을 하지는 않고, 자기가 가진 시선의 높이 이상을 하려고 덤비는 것은 세상사 이치에 대해 아는 바가 충분하지 않기 때문입니다. 무지는 참 무섭습니다. 무지하면 염치도 모릅니다. 눈 하나 깜박이지 않고 스스로를 파괴합니다.

우리는 아직 일류를 경험해보지 못했습니다. 그래서 우리는 일류의 정치, 일류의 교육, 일류의 국방, 일류의 기업이 무엇인지 아직 모릅니다. 우리나라가 가진 가장 큰 약점은 바로 이것입니다. 일류의 삶으로 도약해야 하는데, 그것을 경험해본 적이 없기 때문에 사실은 그것을 어떻게 해야 하는지 모른다는 점이죠. 안타깝지만, 해야 할 도약을 시도하지 않은 채 우리는 너무 오랜 시간 헤매고 있습니다. 경제는 오래전부터 대세 하락입니다. 사회는 극단적으로 분열하고 모두가 날 선 비난만 주고받는 이전투구의 아수라장으로 변

최진석의 대한민국 읽기

했습니다. 기품이니 존엄이니 염치니 하는 인간 기본기도 다 사라진 듯합니다. 이 위기를 생산적으로 벗어나지 않으면 희망이 없다고 보기 때문에, 저는 선진국이니 일류 국가니 선도 국가니 창의성이니 하는 말들을 하는 데 힘을 쏟으며 삽니다. 어떤 분은 제게 이렇게 말했습니다. "그건 철학이 아니잖아요?"

　제가 현실 정치를 담은 글을 쓰면 비난하는 댓글도 올라옵니다. 정치적이거나 종교적이거나 도덕적인 내용에 관한 댓글은 대부분 자기 마음에 드는지 안 드는지만 따지는 수준의 감각적 반응이기 때문에 큰 의미를 두지는 않습니다만, "철학이나 제대로 하지 무슨 정치적인 일에 꼽사리를 끼느냐"는 댓글에는 눈길이 좀 머무르기도 합니다. 제 눈길이 머무는 이유는 정치적인 일과 철학을 전혀 다른 별개의 일로 보는 것 같기 때문입니다. "그건 철학이 아니잖아요?"라는 말투와 유사합니다.

　철학자라 하면 플라톤, 칸트, 공자, 노자, 니체 등등이 비교적 익숙하지요? 조선 시대의 퇴계, 율곡, 다산 등도 익숙합니다. 플라톤은 아예 《국가론(Politeia)》을 써서 철인정치를 주장합니다. 국가의 문제를 철학적인 높이에서 다룹니다. 공자와 노자도 궁극적으로는 국가 통치를 중심에 둔 정치 철학자들입니다. 니체는 정치와 전혀 상관없었을 것 같지만, 그렇지 않습니다. 그는 초기부터 바그너와 친하게 지내면서 음악과 신화적인 내용으로 독일 사회를 쇄신하려 했습니다. 《순수이성비판(Kritik der reinen Vernunft)》을 쓴 칸트도 정치와 전혀 관계가 없을 것처럼 보이지만, 민족을 어떻게 국가로 조직해 낼 수 있을까 하는 문제나 국가의 틀을 어떻게 짜고 공화국의 기초를 어떻게 닦아야 하는지를 깊게 탐구했습니다. 다산의 방대한 저서는 하나의 주제에 집중됩니다. 바로 낡은 나라를 어떻게 새롭게 할 것인가(新我之舊邦) 하는 문제였죠.

철학자 야스퍼스는 지구상의 기원전 8세기부터 2세기 정도 사이를 기축 시대(機軸時代, Axial Age)로 규정합니다. 기축 시대란 인류 문명의 기본이 형성된 시대란 뜻입니다. 내용적으로는 철학이 시작된 시대죠. 그리스에서는 탈레스에서부터 소크라테스, 플라톤, 아리스토텔레스 등이 등장했고, 중국에서는 노자, 공자, 묵자 등의 제자백가가 등장했죠. 세계를 보는 기본 시각이 이때 형성됩니다. 철학이 시작되었다는 것은 문명의 주도권을 인간이 신으로부터 빼앗아왔다는 뜻입니다. 인간이 역사의 책임자로 등장하지요. 이제 인간은 신에 대한 믿음 대신 스스로 생각하기 시작합니다. 신에 대한 믿음으로 인간의 품격을 정하던 시대에 인간은 신에게 맹목적으로 복종만 하면 되었기 때문에 용맹함이 가장 중요했습니다. 이때는 돌도끼 잘 던지고 주먹 센 사람이 지배적 위치를 점했습니다. 인간이 신으로부터 주도권을 빼앗아 신의 지배력에서 어느 정도 벗어나고,

최진석의 대한민국 읽기

생각하는 능력으로 무장하여 역사의 책임자로 등장함에 따라 인간에게 힘이 되는 것은 주먹이 아니라 '말'이 되었습니다. 이제는 말을 잘 사용하는 사람, 즉 대화를 잘하는 사람이 그 설득력의 수준에 따라 지배적 위치를 점하는데, 말 잘하는 사람을 웅변가(rhetor)라 했습니다. 사실은 정치가입니다. 이처럼 철학과 정치는 같은 시기에 같이 등장합니다.

　지적으로 높은 차원에서 세상을 내려다보며 문제 해결을 논하면 철학이고, 구체적인 차원에서 구체적인 방식의 문제 해결에 더 집중하면 정치가 됩니다. 세상의 문제를 해결하는 지적 방식이라는 점에서는 둘 다 똑같습니다. 정치의 구체성과 철학의 추상적 활동 능력이 조화를 잘 이루어야 문제가 훨씬 더 효과적으로 해결되고, 사회는 건강성과 진보성을 보장받습니다. 철학의 인도를 받지 못한 정치는 기능에 빠져 흔히 '정치 공작' 차원의 정치를 넘지 못합니다. 정치 공작이라는 말은 우리에게 익숙한 '정치 공학'을 대체한 말입니다. 정치 공작은 정치 행위자들이 정치권력을 잡고 또 그것을 지키는 방법에만 관심을 두지, 삶의 문제를 해결하여 사회를 진보시키는 데는 별로 관심을 두지 않는 행위입니다. 대한민국에는 정치 공작이 대부분을 차지함으로써 지금은 정치가 사라졌습니다. 철학적으로는 사회 통합이 이상적인 일로 간주되지만, 권력을 잡고 유지하는 데 사회를 분열시키는 것이 더 유리하다면 차라리 분열을 하나의 방법으로 채택해버리는 것이죠. 정치 공작에 익숙한 정치인들은 철학적 문제 제기를 현실을 모르는 이상주의자의 헛소리라고 할 것입니다. 우리가 선도 국가나 전략 국가로 도약한다는 말은 철학적 인도를 정치 행위의 효율적인 한 방식으로 받아들인다는 뜻이기도 합니다.

앞 문단의 첫 문장에서 저는 '내려다보며'라는 표현을 사용했습니다. 이 표현은 일상에서 사용할 때와 조금 다릅니다. 여기에는 '무시하다'라는 감정적인 의미는 전혀 들어 있지 않습니다. 의식의 틀이 정치화되어 있거나 도덕적 판단에 익숙해 있으면 불쾌한 마음이 가시지 않을 것입니다. 여기서 정치화는 진영에 갇히거나 정치 공작의 습관에 젖어 있다는 의미에서 하는 말입니다. 이렇게 되면 대상을 자세히 알려고 하기보다는 마음에 드는지 안 드는지나 내 편인지 아닌지를 가장 먼저 따집니다. 정치가 '정치 공작' 수준에 머물러 있으면 지적 확장이나 포용, 통합, 진보 등은 불가능합니다. 지적 사유보다는 감정적 믿음에 빠진 것이죠. 정치와 철학의 관계를 논하면서 제가 사용한 '내려다보며'라는 표현은 그야말로 지적인 차원에서 채택한 중립적 단어이니 불쾌해하지 않기를 바랍니다.

그냥 이런 것입니다. 두 수식을 비교해보시죠. $3+4=7$이 있고, $3x-4y=7$이라는 수식이 있습니다. 두 수식 가운데 어느 것이 높은

최진석의 대한민국 읽기

곳에 있죠? 당연히 $3x-4y=7$입니다. 더 추상되어 있기 때문입니다. 이럴 때는 $3x-4y=7$이 $3+4=7$을 내려다봅니다. 연산보다는 대수가 높죠. 더 높은 곳에 있는 것은 더 낮은 곳에 있는 것보다 영향력의 범위나 두께가 큽니다.

인간은 자신이 가진 시선의 높이 이상을 살 수 없습니다. 자신의 일거수일투족은 모두 자신이 가진 시선의 높이에 따라 완전히 결정됩니다. 국가도 똑같습니다. 국가의 모든 일은 대개 다 권력을 가진 자들의 시선의 높이에 따라 결정됩니다. '시선의 높이'는 이처럼 개인의 삶이나 국가의 경영을 좌우하는 치명적인 결정권자입니다. 시선의 높이는 지적인 높이입니다. 감정이나 감각의 높이가 아닙니다. 지적인 높이는 추상 정도에 따라 결정됩니다. 더 추상되면 더 높아집니다. 철학은 정치에 비해 더 추상적입니다.

누군가 작은 부분에 집착하며 일을 그르칠 때 "왜 전체를 보지 못하는가?"라고 안타까워하는 말을 할 때가 있습니다. "왜 넓게 보지 못하는가?"라는 말도 합니다. 전체를 못 보고 넓게도 못 보는 이유는 넓지 않아서가 아니라 높지 않아서입니다. 우리는 이것을 무지(無知)라고 하는 것입니다. 산을 전체적으로 다 보려면 한 가지 방법밖에 없습니다. 산보다 훨씬 높은 곳에 올라가 내려다보는 것입니다. 따뜻한 마음으로 산과 더불어 나란히 서 있다가는 산 옆구리만 조금 볼 수 있을 뿐입니다. 시선의 높이를 끌어올릴수록 전체를 넓게 보는 능력도 올라갑니다. 지금은 모든 문제를 국제 경쟁 속에서 이해하고 해결해야 이익이 커지는 세상입니다. 그렇지만 시선이 높지 않아 국내에 갇혀 있으면, 문제를 국제 경쟁의 넓은 틀 위에 올려놓고 보지 못합니다. 국력이 더 강해지는 길을 갈 수가 없죠. 다 무지와 관련됩니다. 나란히, 더불어, 함께, 따뜻이, 곁에 있는 것보다, 좀 쌀쌀맞고 차갑더라도 높게 있어야 문제를 해결합니다. 시선의 높이가 결국은 실력입니다. 분열된 상태를 내려다보는 높은 시선을 갖고 있지 못하면, 통합은 구두선일 뿐입니다. 실력 이상의 것에 대해 하는 모든 약속은 다 허망합니다. 시선의 높이 이상은 할 수 없습니다. 이제는 높이입니다. 우리의 '건너가기'는 사실 도약이나 상승처럼 높아지는 일입니다.

통치력도 이제는 높이를 이해하고 높이를 추구하는 통치력이어야 합니다. 우리는 그렇지 못한 통치력 때문에 쌓이는 비효율의 늪에서 너무 오래 고생하고 있습니다. 이제는 건너가야 합니다.

서울 강남구 신사동에는 도산공원이 있습니다. 그 안에 도산 안창호 기념관이 있으니 한 번쯤 둘러볼 일입니다. 안창호 선생의 말씀입니다. "그대는 나라를 사랑하는가? 그러면 먼저 그대가 건전한 인격이 되어라." '건전한 인격'이 중요합니다. 건전한 인격은 우

최진석의 대한민국 읽기

선 거짓말을 하지 않고, 말과 사실이 일치합니다. 염치를 압니다. 정 정당당합니다. 진영의 믿음을 대행하지 않고 스스로 생각합니다. 대답에만 빠지지 않고 질문합니다. '정신 승리법'에 빠지지 않습니다. '심리적 기대'를 '객관적 사실'로 착각하지 않습니다. 얼렁뚱땅하지 않고 최선을 다하여 철저해집니다. 더 나은 사람이 되려고 노력합니다. 그래서 결국은 높아집니다.

안창호 선생의 말씀은 이렇게 이어집니다. "우리 중에 인물이 없는 것은 인물이 되려고 마음을 먹고 힘쓰는 사람이 없는 까닭이다. 인물이 없다고 한탄하는 그 사람 자신이 왜 인물이 될 공부를 아니 하는가?" 우리가 어떻게 생존해온 민족입니까? 어떻게 번영시킨 나라입니까? 여기까지만 살다 갈 수는 없습니다.

인간은 건너가는 존재입니다. 우리는 이제 건너가야 합니다.

함평 호접몽가에서

최진석

차례

1부

국가란
무엇인가

하얼빈의 추억 :
본 것과 믿는 것 사이에서

하얼빈 공항의 서늘한 기운

1990년 8월 23일 어느 시간, 만 서른한 살이 조금 넘은 나는 홍콩행 비행기를 탔다. 처음 타보는 비행기가 국제선이어서 좀 어리둥절하기도 했다. 국제선은 국내선을 충분히 타본 후에 타야 할 것 같은 생각이 들었었다. 내게 홍콩행 비행기는 홍콩을 가기 위한 것이 아니었다. 목적지는 위도상 훨씬 더 높은 곳에 있는 하얼빈(哈爾濱)이었다. 하얼빈에서도 헤이룽장(黑龍江) 대학교가 최종 목적지였다. 당시 한국과 중국 사이에는 국교가 수립되지 않아서 거의 모든 방면에서 교류가 되지 않을 때라 비행기도 바로 가는 것이 없었다.

사회주의 국가 중국의 하얼빈 공항에 내리니 저녁 7시가 조금 넘었다. 어둠이 짙게 내려앉았고, 대륙 북방의 서늘한 기운이 벌써 깊은 가을처럼 느껴졌다. 공항은 한국의 지방 소도시 버스 터미널 같았다. 지방 소도시 버스 터미널처럼 보이는 공항 탓에 중국이 경제적으로 매우 낙후한 나라일 것이라고 추측하는 것은 충분히 가능했다. 공항을 떠나 헤이룽장 대학교까지 가는 동안 본 풍경은 아직도 내게 깊이 새겨져 있다. 이것이 중국의 첫인상이다. 사람들은 어깨에 별 이득도 없는 무거운 짐을 진 채 그저 걷기만 해야 하는 숙명을 지닌 사람들처럼 맥이 없었다. 지금도 기억한다. 공항이 남루한 것은 공항 자체의 탓도 있지만, 공항을 채운 사람들의 표정과 걸음걸이가 그렇게 보이도록 한 탓이 더 큰 것 같았다. 삶의 생기가 돋아나지 못할 어떤 덫에 갇힌 것 같았다. 정비되지 않은 길 양 옆으로는 군인인지 민간 경비원인지 정체가 애매한 사람들이 긴 총을 메고 일정한 간격을 두고 서성거렸다. 감시할 무엇인가를 찾고 있는 자세였다. 공항을 멀리 떠나 시내에 가까워지면서도 공항에서 발견했던 무기력과 가난과 감시와 통제라는 음산한 기운은 내 인식의 언저리를 떠나지 않았다. 첫인상은 상당히 오래갔다. 강렬해서 오래가기도 했지만, 하얼빈에서 사는 내내 그런 것들을 매일매일 경험했기 때문이다.

하얼빈이라는 낯선 곳으로 오기 전에 학교생활만 줄곧 했던 나는

'비판적인 지식인'의 형상으로 채워진 분위기 안에 잠겨 있었다. 그 분위기는 내가 거기에 얼마나 친화적이었는지와 상관없이 마치 컴퓨터의 바탕 화면처럼 보편적이었다. 내가 대학 1학년 때 대통령이 자신의 심복에게 피격되어 사망했다. 군대 가기 전 2년간의 대학 생활 동안 기말고사를 본 적이 없다. 기말고사 기간까지 수업이 진행되기 어려울 정도로 학생들은 반독재 투쟁에 여념이 없었고, 심지어 경찰들이 교정에까지 들어와 머물렀다. 매 학기 반도 못 가서 휴교를 반복했다. 박정희를 거칠게 욕하는 일이 지식인에게는 매우 당연시되었다. 대부분의 젊은 학생은 학습이 깊어지면서 자본주의의 문제점을 파고들었다. '운동권'도 아닌 데다가, 경찰에게 잡히거나 경찰서에 불려 가 본 적도 없이 그저 데모 행렬 꽁무니나 따라다니던, 당시 풍조에서 볼 때는 외양만 겨우 지식인 꼴을 한 나 같은 사람도 박정희 비난과 자본주의 비판에는 인색하지 않았다. 얼마나 깊이 발을 담근 운동권이냐는 상관없이 대학생이라면 반정부와 반자본주의 구호를 그렇게 강하게 부정하지 않았다. 오히려 그것이 주류의 흐름이었던 것이다. 그러다 보니 김일성과 사회주의에 긍정적인 시선을 보내거나 거기서 무슨 탈출구를 찾으려고 하는 일군의 시도가 있었다. 당시에는 나에게도 사회주의나 김일성은 우리의 모순을 들여다보는 또 다른 창이거나 대안으로 보이곤 했다.

하얼빈에는 북한 유학생들이 있었다. 나는 북한 유학생들과 면식을 트고 지냈다. 한국에서는 상상도 할 수 없었던 일이 가능해지니 호기심이 더 생겼다. 괜히 그동안 보여주지 못했던 동포애를 어떻게든 보여줘야 한다는 강박관념에 싸이기도 했던 것 같다.

중국은 한국 자본주의 모순을 해결할 대안으로 제시되곤 했던 사회주의를 직접 보는 계기가 되었고, 그 당시 한국은 김일성 주체사상을 지도 이념으로 하는 세력들이 대학가를 지배하던 때라 김일성의 후예들을 직접 상대할 수 있는 절호의 기회였다. 나는 여기서 놀라운 경험을 한다. 어느 날 나하고 친하게 지내던 북한 학생이 어떤 낯선 사람과 함께 이야기하면서 다가왔다. 나는 반가운 마음에 인사를 건네려고 하는데, 그 북한 학생은 나를 애써 외면했다. 그의 표정에서 나는 모른 체해야만 하는 어떤 곤혹스러움을 읽었다. 돌아와서 이 이야기를 하자, 나보다 먼저 북한 학생들을 만났던 사람들은 이구동성으로 이런 경우를 당해본 적이 있다고 했다. 북한 학생들은 아무리 친해도 다른 낯선 북한 사람과 동행할 때는 남한 사람들을 모른 체했다. 서로를 경계하고 의심하는 태도를 취해야 살아갈 수 있는 나라라면 어떻게 설명하더라도 지상낙원일 수 없다.

가난, 감시, 통제

나는 하얼빈에 온 지 약 백 일 만에 심하게 앓았다. 이유도 없이 아팠다. 왜 그랬는지는 지금도 잘 모른다. 혹시 사회주의와 북한을 자본주의와 대한민국의 비판적인 대안으로 간주하던 인식을 부정하는 일이 그만큼 어려운 일이었나 하고 짐작할 뿐이다. 자기 인식의 틀이나 믿음을 자각하여 부정하는 일은 누구에게나 거의 불가능에 가까울 것이다. 이 불가능한 일을 하느라 심하게 앓지 않았을까? 내가 직접 두 눈으로 본 사회주의의 가장 큰 특징은 가난이었다. 덩샤오핑(鄧小平)도 "가난이 사회주의는 아니다"고 말할 정도로 가난과 사회주의는 이미 매우 가까워져 있었다. 북한 학생들의 생활 모습이나 외모나 태도 등을 통해 볼 때 북한은 또 얼마나 가난한지를 충분히 짐작할 수 있었다. 내가 하얼빈에 체류하던 때는 덩샤오핑이 1978년 12월 18일, 중국 공산당 제11기 중앙위원회 제3차 회의에서 개혁 개방을 천명한 지 12년이나 흐른 뒤다. 개혁이란 대내적으로 적용되는 관념으로서 자유 시장과 자본주의를 받아들인다는 뜻이고, 개방이란 대외적 관념으로서 중국이 국제시장에 문호를 개방한다는 뜻인데, 자본주의적 요소를 받아들인 지 12년이나 흐른 뒤인데도 가난은 너무 분명했다. 내가 사회주의와 북한 사람들을 직접 경험하고 나서 얻은 결론은 다음의 몇 가지 단어로 남았다. 가난, 감시, 통제, 불안, 공포, 독재, 억압. 타율……. 막연한 상상이나 이론으로 접할 때하고, 직접 눈으로 보며 경험하며 접할 때가 너무 많이 달랐다. 여기서 나는 엄청난 당황스러움에 빠져 괴로워했다. 앓고 나서는 몇 가지 이데올로기적인 믿음을 수정할 수 있었다.

"대한민국의 자본주의가 아무리 모순을 내포하고 있더라도 사회주의보다는 낫다. 박정희 대통령이 아무리 심하게 독재를 했어도 김일성의 독재보다는 낫다. 대한민국의 언론 통제가 아무리 비판을 받더라도 중국이나 북한의 그것보다는 훨씬 낫다. 대한민국의 역사는 치욕의 역사가 아니라 자랑스러운 역사다."

나는 지성을 성장시키는 분위기가 아니라 지성을 마비시키는 분위기에 압도당했었다. 건강하게 성장하는 지성이었다면, 자본주의를 비판하다 사회주의로 바로 넘어가지 않았을 것이다. 박정희를 비판하다가 바로 김일성에게로 넘어가지 않았을 것이다. 미국을 비판하다가 중국이나 소련으로 넘어가지 않았을 것이다. 나는 하얼빈에서 크게 앓으면서 현실 속에서 내 눈으로 직접 경험한 것을 가지고 나를 교정할 수 있었다. 자본주의 비판은 사회주의로의 전향이 아니라 자본주의 수정으로 귀결되어야 하고, 박정희 비판은 김일성 추종이 아니라 박정희 수정으로 진화해야 한다는 것을 알았다. 그렇지 않았다면, 동구권 사회주의 몰락을 보고, 소련이 해체되는 것을 보고, 중국이 개혁 개방으로 성큼성큼 발전하는 것을 보고, 사회주의 정책을 고집하다가 몰락한 베네수엘라를 보고도 다른 사람들이 한 말들로 채워진 믿음을 계속 믿으려 고집을 피우다가, 내 눈으로 직접 본 것을 외면하는 우를 범했을 것이다.

최진석의 대한민국 읽기

북한, 내재적 접근법

한동안 북한에 대한 인식 방법으로 '내재적 접근법'이라는 이론이 상당한 환영을 받으며 유행했다. 지금도 그 흔적이 남아 있다. 내재적 접근법은 북한을 그들이 설명하는 가치와 이념에 따라 있는 그대로 이해하자는 것이다. 북한을 북한의 시각으로 이해해야 한다는 것이다. 그러나 이것은 이론으로 대접을 받기에는 턱없이 부족하다. 이론이 가져야 하는 최소한의 미덕은 객관성과 보편성이다. 주관적인 감각을 벗어나야 하며, 어떤 특정한 대상이 아니라 매우 넓은 범위 어디에나 치우침이 없이 적용되어야 한다. 하지만 당시에는 북한을 대할 때만 내재적 접근법을 사용했다. 우리 자신, 즉 대한민국을 대할 때는 내재적 접근법을 사용하지 않았다. 우리 스스로에게는 인류 보편의 가치 기준을 적용했다. 북한을 이해할 때는 북한의 특수한 상황을 기반으로 하고, 우리를 이해하려 할 때는 인권, 민주 같은 보편적인 잣대를 들이댔던 것이다. 편파적이거나 임의적으로 사용하는 것은 이론이 아니다. 이론이 아닌 것을 이론처럼 사용하던 그런 시절이 우리에게 있었고, 그것을 변경하지 못하는 지금의 시간도 있다. 이론을 이론으로 다루는 훈련을 전문적으로 받았다는 지식인들도 이 내재적 접근법을 편파적으로 사용하고, 정작 자신의 내재적 상황에는 한없이 자학적이면서도 매우 냉철한 지적 시선을 유지하는 것으로 포장하던 시절이었다.

내 책《인간이 그리는 무늬》에 나오는 한 대목을 옮겨본다.

"우리가 진리라고 하면, 구체적인 세계를 넘어서서 어떤 무엇인가로 따로 있다고 생각하기 쉽지요. 진리는 어쩐지 변화무쌍한 구체성과는 다른 어떤 것 같습니다. 초월적이고 관념적인 어떤 형상을 생각하지요. 하지만 그런 것은 조작된 것입니다. 가공물이고 인공물이지요. 이 세계에 존재하는 건 구체적인 실재의 세계뿐이지요."

진리의 세계는 실재의 세계에 있다. 그래서 덩샤오핑도 "실천은 진리를 검증하는 유일한 표준(實踐是檢驗眞理的唯一標準)"이라는 말을 한 것이다. 진리는 실재의 세계에서 태어나고 실재의 세계에서 구현될 뿐이다. 남이 정해준 어떤 '주의(主義)'에 대한 믿음 대신에 내 눈으로 직접 경험한 것을 더 신뢰할 수 있으려면 상당한 정도의 용기와 지적 계몽이 필요하다.

뮤지컬 〈시카고〉에 나오는 한 대목이다. 키티가 자신의 남편이 다른 두 여자를 끼고 침대에 누워 있는 것을 보고는 분개하여 총을 겨누자, 남편이 말한다. "당신이 본 것을 믿을래? 아니면 내 말을 믿을래?" 말이 끝나자 키티는 자신이 본 것을 믿고 남편에게 총을 발사한다. 남편이 설득하려고 하는 말은 결국 남이 하는 말이다. 우리에게 있었던 거의 모든 주의는 남이 정한 것들이다. '남의 말'이다. 자신이 직접 본 것을 믿고 파고드는 자는 총을 발사하는 위치에 서고, 다른 사람의 말을 믿고자 하는 자는 총을 맞는 위치에 선다.

　　　　　　　　　　　　　　　　최진석의 대한민국 읽기

'독립'을 생각한다

삼전도의 치욕

국가는 배타적인 경계 안에서 공통의 가치와 이익을 함께 누리는 사람들끼리 모여 살기 위해 만든 제도다. 여기서 '배타적'이라는 말은 국가의 근본 토대를 표현한다. 배타적으로 확보되는 존재성이 바로 독립이므로, 독립은 국가의 존엄을 가리키는 가장 선명한 명제다. 정상적인 국가라면 자신의 독립을 조금이라도 침해하는 일에는 가장 예민하고도 과격하게 반응해야 한다. 얼마나 견결하게 영토와 국민의 생명을 보호하느냐가 독립을 지키려는 의지가 얼마나 강한지 증명한다. 중국도 '핵심 이익'이라는 사항을 정해놓고 국가로서의 위엄을 과시한다. 우리의 핵심 이익은 무엇인가? 핵심 이익에 관한 합의가 있기라도 한 것인가?

우리나라는 줄곧 강하지 못했다. 물론 강했다고 말할 수 있는 시기가 없었던 것은 아니지만 길지는 않았다. 강하지 못한 결과 우리나라의 독립은 자주 손상됐다. 중국은 끊임없이 천자의 지위를 자칭하며 우리를 제후국으로 하대했다. 주자학 이념에 갇힌 조선의 지식인들은 하늘에 제사를 지내려는 왕을 향해서 천자나 할 수 있는 일을 제후국의 왕이 하면 안 된다고 막아서곤 했다. 중국의 압력도 있었지만 스스로 제후국으로 자처하며 종속의 길을 선택한 점도 있다.

최근 영화 〈남한산성〉으로 더 많이 알려졌지만, 조선의 왕이 중국 청나라 왕 앞에 무릎 꿇고 나아가 머리를 땅에 찧었던 삼전도의 치욕은 더 말해 무엇 하겠는가? 그 뒤로 300년 후에는 일본에 아예 나라를 빼앗겨버렸다. '독립'은 사라졌다. 35년이라는 긴 세월 동안 나라 없이 살면서 어린 여성들은 위안부로 끌려가고, 젊은 사내들은 남의 전쟁에 총알받이로 나갔다. 중국과 일본은 누가 더하고 누가 덜하다고 할 것 없이 우리의 '독립'을 끊임없이 손상시키려 시도했고, 그들이 전략적으로 결정할 때마다 국내의 진영 논리에 갇혀 내부 싸움만 하던 우리는 속절없이 당해왔다. 이런 치욕을 당하고도 우리는 다 잊어버린 것이 아닌가?

지금도 북한 문제를 미국과 중국이 논하고 미국과 일본이 논한다. 누구나 알듯이 이 사이에서 한국이 주도적으로 참여하고 있다고 말할 수는 없다. 심지어 우리가 할 일이 별로 없다는 인식이 팽배하다. 미국과 일본은 북한의 핵 공격에 대비하는 훈련을 실시하고, 중국은 북한과 중국의 국경에 군사력을 증강할 뿐만 아니라 난민 수용소를 준비한다. 우리는 미군의 움직임에 겨우 따라붙을 뿐, 심지어는 대피 훈련도 하지 않는다. 이 상황을 자신의 문제로 보고 있기나 한 것인가? 이 땅에서 일어나는 일을 자기 문제로 감당하려는 용기가 있기는 한 것인가. 갖고 있는 것들을 잃을까봐 겁먹고 있지는 않은가. 중국의 국가 주석이 미국 대통령에게 "사실, 역사적으로 한국은 중국의 일부였다"고 말해도 우리는 그것이 얼마나 위중한 발언인지도 모르고 그냥 눈만 껌벅이며 지나가고 있지 않은가. '독립'이라는 최후의 명제를 의식이나 하고 있는가? 아직도 '독립'을 말해야 하는 슬픈 우리여.

독립을 지키는 마지막 보루

경기도 가평군에는 경기도 기념물 제28호로 지정된 바위 조종암(朝宗巖)이 있다. 소중화(小中華) 사상의 성지로, 고대 중국에서는 제후가 천자를 알현하는 일을 조종(朝宗)이라 했다. 조종암에는 중국 명나라를 향한 숭배와 감사를 담은 글이 새겨져 있는데, 선조(宣

祖)의 글씨 '만절필동(萬折必東)'도 있다. 만절필동은 황허(黃河)강의 물이 수없이 꺾여도 결국은 동쪽으로 흐르는 것을 묘사하며 충신의 절개를 뜻한다. 의미를 확대하면 천자를 향한 제후들의 충성을 말한다. 남쪽이나 서쪽으로 흐르는 강물을 가진 민족이 동쪽으로 흐르려 했다. 우리나라를 대표하는 대사가 중국 시진핑(習近平) 국가 주석에게 신임장을 제정(提呈)하는 날 방명록에 '만절필동'이라는 글을 남겼다. 이게 도대체 무슨 일인가!

한시적인 정권은 영속적인 국권에 봉사해야 한다. 진영에 갇히면 정권만 보이고 국가는 안 보일 수도 있다. 각자의 진영에 갇혀 국가의 이익을 소홀히 하는 일이 길어질 때 항상 독립이 손상되었다. 그 후과는 참혹하다. 지금 한가한 때가 아니다. 경제 이익으로 안보 이익이 흔들리면 안 된다. 안보가 독립을 지키는 마지막 보루다. 슬프고 둔감한 우리여! 작은 이익이나 진영의 이념을 벗고, 한 층만 더 올라 나라를 보자.

국가는 국가다

전술적 높이로 살다

우리는 한국 사람이고, 한국 사람으로 산다. 이런 점에서 이제는 한국 사람이 무엇인지도 알려고 노력해야 한다. 우선 함재봉의 책을 읽는 것부터 다시 시작하자. 함재봉은 《한국 사람 만들기》 시리즈 가운데 1권과 2권을 먼저 내놨다. 첫 권 시작부터 우리를 지칭하는 통일된 하나의 지칭어가 없음을 지적한다. 유대인들은 어디에 살든 유대인이고, 중국 본토 바깥에 사는 중국 사람들은 어느 나라에 살든 다 화교다.

그러나 "한국말에는 영어의 'Korean'처럼 '한국 사람', '조선 사람', '재미 교포', '재일 교포', '조선족', '고려인'을 총칭하는 단어가 없다."(함재봉의 책 제1권 6쪽) 나는 여기서 질문을 제기한다. 그렇다면 우리는 왜 아직까지 이런 총칭하는 단어를 갖지 못했을까? 총칭하는 단어의 필요를 느끼지 못했기 때문이다. 그런 필요를 느끼지 못했다는 것은 총칭하는 단어가 있어야 돌아가는 수준의 세상을 아직 갖지 못했다는 뜻이다. 단어는 '지적 개괄'이나 '개념화'의 결과인데, 이는 자신의 삶을 전략화하는 필수 과정이다. 전략적인 높이가 아니라 전술적 높이에 머물러 있으면 이 과정을 중요하게 보지 않는다.

일본에 '오타쿠(おたく)'라는 말이 있다. 우리는 그 말을 그대로 받아서 '덕후'라고 하면서 산다. 전략적 개념화의 결과를 그대로 받아서 전술적으로 사는 것이다. 설령 한국에 '오타쿠'라는 단어에 포함되는 현상이 있었다고 하더라도 개념화의 레이더에 걸리지 않았기 때문에 한국에 '오타쿠'라는 삶은 없는 것이나 마찬가지다. '워라밸', 'X세대', '소확행' 등이 다 이런 것들이다.

다른 사람이 한 '개념화'를 우리 삶에 적용하는 종속적 행태다. 있는 것을 개념화하여 다루는 삶하고, 있어도 다루지 않고 도외시하는 삶 사이에는 수준 차가 크다. 그런 점에서 개념화는 자신의 세상을 경험한 적이 없는 곳으로 계속 확장시키는 결과를 준다. 개념화를 시도하는 국가는 넓어지고 단단해진다. 개념화를 시도하지 못하는 나라는 좁은 채로 머물고 약해진다. 좁은 채로 약해지면 감성적이며 기능적으로 행동한다.

우리는 개념화를 시도하는 국가가 아직 아니다. 남들이 해놓은 개념화의 결과를 가지고 살았다. 현재 우리의 위치도 개념화의 결과를 따라 하는 삶의 방식으로 도달한 가장 높은 단계일 뿐이다. 우리가 약하고 감성적이며 기능적인 이유다. 이제 새로워지려면, 강하고 과학적이며 본질적인 단계에 이르려고 시도하는 일밖에 없다.

대한민국의 지도자는

'전쟁'이라는 단어가 국가에는 최종적인 단어다. 어떤 나라는 "전쟁을 원하지 않지만, 닥치면 피하지도 않겠다"라고 말하고, 어떤 나라는 "전쟁만은 피해야 한다"라고 말한다. 전쟁은 많은 사람이 살상되고 재산이 파괴되기 때문에 나쁘다고 하는, 매우 직접적이고 감성적이며 기능적인 수준의 인식을 넘어섰느냐, 넘어서지 못했느냐의 차이다.

전쟁과 혁명은 새로운 질서를 위해 과격하게 야만으로 빠지는 일이다. 이는 인간 본성과도 밀접하게 관계된다. 그냥 기능적으로 피하고 싶다고 피할 수 있는 일도 아니고 또 일으키고 싶다고 해서 쉽게 일으킬 수 있는 일도 아니다. 어떤 도덕이나 윤리 관념도 끼어들지 못할 뿐 아니라 인간의 통제력이나 논리를 넘어서는 대형 사고다. 함재봉의 책 한 권 정도는 읽고 '한국인'에 대해서 말해야 하듯이, 전쟁에 대해서도 최소한 아자 가트(Azur Gat)의《문명과 전쟁(War in Human Civilization)》이나 버나드 몽고메리(Bernard L. Montgomery)의 《전쟁의 역사(The History of Warfare)》 정도는 읽고 말해야 한다.

책은 다양한 개념화가 지적으로 체계화된 보물 창고다. 보물 창고를 열어보지도 않고 보물은 필요가 있다느니 없다느니 하는 말을 하면 안 된다. 국가를 운영하는 상층부에 속한 사람들은 특히 지적이어야 한다. 지적으로 두툼하지 못하면, 감성과 기능으로 세상일을 다 해결할 것 같은 경박한 자신감에 휩싸인다. 2500여 년 전 고대 중국의 노자(老子)도 나라를 경영함에 있어서 "경박한 자신감에 싸인 사람들이 함부로 날뛰지 못하게 하는 일(使夫智者不敢爲也)"이 매우 중요함을 역설했다(《도덕경(道德經)》 제3장).

국가는 '신령스런 기물[神器]'이다. 직접적이고 기능적인 것으로는 잘 다뤄지지 않는다. 기능적으로 다루다가는 오히려 뜻한 바와 반대로 향하게 된다. 국가는 워낙 복잡한 것이라 선한 동기가 악한 결과를 초래해버리고, 악한 심성으로 접근하니 오히려 선이 이뤄지기도 한다. 차갑게 대했더니 따뜻한 결과가 나오고, 따뜻하게 대했더니 차가워지기도 한다.

하층민을 위하는 정책을 펴다가 하층민을 오히려 힘들게 할 수도 있고, 하층민과 거리를 두니 오히려 하층민의 삶이 나아지기도 한다. 개혁 동참자나 지지자의 말만 듣다가는, 오히려 그들이 가장 먼저 실망하여 다 떠나고 개혁가 혼자만 덜렁 남기도 한다.

성매매를 없애려고 집창촌을 없애면 성매매가 줄어드는 것이 아니라 오히려 성매매가 민가까지 파고들어 오기도 한다. 평화를 지키려고 평화적으로만 살면 거꾸로 평화를 잃는다. 전쟁을 각오하면 오히려 전쟁을 피하고 평화를 얻는다. 일상적인 삶에서야 무능하더라도 착하기만 하면 괜찮다는 말을 듣기도 하지만, 국가 레벨에서는 착하면서 무능한 것보다 악하면서 유능한 것이 차라리 더 낫다. 지도자 자신의 악함으로 국민들의 선함을 보장하면 된다.

지적으로 두텁지 못해 기능이나 감성에 치우치면 자신이 믿는 얇고 단편적인 신념을 맹목적으로 끌고 가는 것을 진실이라고 착각하는데, 이럴 경우에는 현실적 효과가 나기 어렵다. 복잡한 현실을 단순한 믿음(faith)으로 관리하면 이렇게 된다. 전쟁과 평화는 둘이 아니다. 하나다. 얇은 사람은 전쟁과 평화를 둘로 보고, 두터운 사람은 하나로 본다. 전쟁과 평화를 다른 두 개로 보고 선한 평화만 추구하는 측은 그 둘을 하나로 볼 수 있는 측에게 종속될 수밖에 없다.

그래서 국가 간에는 전략적인 합의가 없는 상태에서 하는 심리적 기대나 감성적 호소가 매우 위험하다. 자존을 무너뜨리기 때문이다. 자존은 국가의 마지막 보루다. 전략적으로 매우 중요한 카드가 될 수 있었던 것 가운데 하나가 중국의 '대일(對日)항전승리기념일' 70주년 열병식 행사에 대통령이 참관하여 톈안먼(天安門) 망루에 오르는 것이었는데, '이 정도 해주면 중국도 어떤 성의를 표하겠지' 하는 막연한 기대로 참관했다가 기존 우방의 의심만 사고 얻은 것은 하나도 없었다.

중국은 하나도 변하지 않았다. 대통령이 국빈으로 방문해서 '혼밥'을 하고, 함께 간 기자들이 중국 경호원들에게 폭행을 당했다. 이 것을 치욕으로 여기지 않고, 피상적으로 좋은 게 좋은 것이라는 식으로 좋게만 처리하고 넘어가는 것도 기능적이고 감성적인 태도에 익숙해 있기 때문이다. 기능적이고 감성적으로 대하다가 국가가 지켜야 할 최소한의 자존을 포기해버렸다. 국가 간의 일은 감성적으로는 해결될 일이 하나도 없다. 서로의 자존을 내세우고 지켜주는 상호 이익의 교차로만 일이 된다.

최진석의 대한민국 읽기

남북한 문제도 더 잘되기 위해서는 감성이나 심리적 기대를 서둘러 벗어나 국가로서 당연히 가져야 할 냉철한 이성과 과학적 태도를 회복해야 한다. 더 냉정해질 필요가 있다. 자존을 손상시키면서까지 하는 일은 잘되지 않는다. 대한민국 최고의 경제인들을 데리고 가서 "냉면이 목구멍으로 넘어가느냐"라는 말을 듣게 할 정도라면 매우 심각하다. 통일부 장관은 북한 측으로부터 약속에 조금 늦은 것을 핀잔 들어야 하고, 더 나아가서는 "시계도 주인 닮아 늦게 간다"고 꾸지람을 들었다.

그러고도 그 사람 말투가 원래 그렇다느니, 나쁜 의도를 가지고 한 말은 아니라는 식으로 넘어가는 것은 그저 '정신 승리법'일 뿐이다. 정신 승리법은 중국이 패망하기 직전 중국인들이 가졌던 태도다. 이것은 그냥 일상의 소소한 가십이 아니라 일이 진행되는 한 형식과 틀을 보여주기 때문에 중요하다. 대통령이 북한에 가서 정상회담을 하는 과정에 태극기 하나 없이 진행되었다. 이래도 될까? 김정은이 남한에 내려올 때 인공기 하나 없이 진행될 수 있을까? 매우 주의 깊게 볼 필요가 있다. 상호 자존이 인정되는 일은 아니었다. 감성과 기능과 약함을 이겨내서 다시 강해지고 자존을 세워나가야 할 것이다. 일의 규모와 크기에 맞는 '개념'을 가지고 임해야 한다. 개념화 과정 없이 무작정 할 일이 아니다. 이것이 실력의 시작이다.

한 국가는 두 기둥으로 버티고 선다. 국방과 조세다. 특히 국방은 국가의 최전선이다. 극단적으로 얘기해서 국가는 최종적으로 전쟁하는 집단이다. 대외적으로 거칠고 강해야만 한다. 우리는 우리가 얼마나 강하고 거친가를 확인해야 하는 국군의 날 행사까지도 가수 공연을 보는 것으로 치르는 정도까지 왔다. 두려움에 사로잡힌 것은 아닌가? 지레 겁먹은 것은 아닌가? 나는 그렇게 보인다. 어떤 수식어로 설명해도 우리는 약해졌고, 감성적이고 기능적인 한계에 갇혔다. 남북한의 진정한 평화는 정감을 앞세워서 이뤄질 수 있는 일이 아니다. 국가 간의 평화는 매우 전략적인 주제다. 좀 더 이성적이고 과학적일 필요가 있다. 그래야 평화도 있고 통일도 있다.

우리가 이 시점에서 새롭게 할 일은 무엇인가? 우선 국가를 국가답게, 나라를 나라답게 추슬러야 한다. 개념화의 결과를 수용하던 습관으로 빚어진 약하고 감성적이며 기능적인 한계를 이겨내서 개념화를 시도하는 거칠고 강한 걸음으로 상승을 도모해야 한다. 이렇게 해야만 지식 수입국에서 지식 생산국으로 전환되고, 종속성을 벗어나 자유롭고 독립적일 수 있다. 창의성도 다 이런 거친 개념화와 연관된다. 얄팍함을 벗어나 두터워지자.

대통령은 국가의 경영자

대통령, 리더의 리더

리더는 자기에게 필요한 것을 찾지 않고 시대가 앓는 병을 함께 아파한다. 리더이면서도 자기에게 필요한 것만을 찾다가는 비난을 받고 심지어는 감옥에도 간다. 여기서 '자기'는 자연적인 개체로서의 '나'도 되지만, 넓혀서 보면 그 '나'가 속하고 또 '나'를 지탱하는 진영도 해당한다.

시대의 병을 시대 문제라 하고, 그 병을 치료하려는 의지가 통치 내지는 정치 행위로 나타나는데, 그것들은 모두 시대 의식으로 집결된다. 공적 의식과 공적 활동의 총화다. 그 시대 의식을 제대로 잡은 리더는 생산성이 높은 역할을 하고, 결국 존경도 받는다. 시대 의식을 붙들지 못하면, 하는 일마다 모두 기능에 빠져 수선만 피우다 전진하는 역사를 쓰지 못한다.

공자(孔子)는 "큰 리더는 '기능에 빠지지 않는 자(君子不器)'"라고 했다. 여러 리더 위에서 크게 통괄하는 역할을 맡은 사람이 바로 '크게 통괄하는 자', 대통령이다. 리더 중의 리더다.

선진화, 우리가 감당해야 할 시대 의식

대한민국은 현대사에 유례가 없는 발전을 이뤘다. 35년 동안이나 일제 식민지로 살다가 신생 독립국으로 출발하여 중진국에서도 상위에 오르는 나라가 되었다. 경제가 발전함에 따라 시민이 등장하기 시작했고, 이전에 비해 문화가 성숙했다. 이것은 찬란한 성취고 자부심을 갖기에 충분하다. 나라의 발전은 그냥 되지 않는다. 우연이든 필연이든 시대 의식과 일치하는 정확한 전략에서만 나온다.

해방 후, '치료'를 필요로 했던 시대 문제는 나라와 정부를 새로 세우는 일이었다. 정부 수립이나 건국이라는 시대 의식을 정확히 포착하고, 그것을 완수했다. 그다음의 시대 의식은 누가 뭐래도 산업화다. 해결할 길 없어 보였던 분란과 갈등을 극복하며 산업화라

최진석의 대한민국 읽기

는 시대 의식을 완수했다. 산업화의 완수로 한국 사회는 주도 계급의 교체가 필요한 상황에 직면한다. 바로 민주화 요구다. 그것은 기능적 정치 운동이 아니라, 대한민국을 전진하게 하는 높은 단계의 시대 의식이었다.

우리는 또 민주화의 과업을 완수했다. 문제는 민주화 다음이다. 건국 세력이나 산업화 세력만 과거가 아니다. 이제는 민주화 세력도 과거다. 과거가 새로운 세력에 의해 도태되면서 사회는 진보한다. 사회 진보는 과거 세력의 도태와 신세력의 등장을 달리 말한 것일 뿐이다. 우리는 건국 – 산업화 – 민주화라는 시대 의식을 연속해서 찾고 완수했다. 여기서 건국 세력이 산업화 세력에 도태되고, 산업화 세력이 민주화 세력에 도태되는 현상을 만난다.

문제는 민주화를 이루고 나서 바로 다음의 시대 의식을 찾아야 했는데, 아직까지 그러지 못했다. 중진국의 함정에 빠졌다고 하는 말들도 이런 문제와 연관된다. 지금 한국 사회의 모든 비효율성은 민주화 다음의 시대 의식을 찾지 못한 것에서 기인한다. 김대중 대통령 이후 바로 '민주화 다음'이 전개되어야 했다. 그러나 그러지 못했다.

민주화 다음은 선진화라 할 수 있다. 선진화는 전술적 차원에서 전략적 차원으로, 따라 하기에서 선도력 추구로, 자리 경쟁에서 가치 경쟁으로, 사회과학적 시선에서 인문적 시선으로, 일반성에서 고유함으로, 명분과 이념에서 실리와 실용으로, 프로젝트 수행에서 어젠다 설정으로, 구체적 감각의 단계에서 추상적 사유의 단계로, 종속적 단계에서 능동적 단계로, 예능의 차원에서 예술의 차원으로, 선례 찾기에서 선례 만들기로, 안전 추구에서 과감한 모험으로, 대답하기에서 질문하기로, 정답 찾기에서 문제 찾기로, 지식 수입에서 지식 생산으로, 취업 기풍에서 창업 기풍으로 사회 전체를 혁신하는 일이다. 우리에게는 이런 단계로의 상승만이 남았고, 바로 이것이 현재를 사는 우리가 감당해야 할 시대 의식이다.

정치 공학을 넘어

문재인호 출범 80여 일이 지난 어느 날이었다. 나는 속칭 '조중동'이라는 매체 가운데 한 곳에 "문재인 대통령, 고유함이 사라진다"는 칼럼을 내고 아내에게 혼쭐이 났다. "취임한 지 얼마나 지났다고 비판을 해대느냐"가 요점이었다. 좀 기다리고 힘을 보태야 한다는 것이었다. 나는 지지자로서 힘을 보탠다는 의미로 '걱정'을 썼는데, 아내는 '비판'으로 읽었다.

하지만 지금까지 우리나라 최근 대통령들의 운명은 대개 80여 일

안에 결정되곤 했다. 정치에 임하는 태도나 상상력이나 시선의 높이가 우선 인사 과정에서 죄다 드러나기 때문이다. 중국 고전《사기(史記)》에 나온 대로, "나 있는 풀을 보면 그 땅이 어떤 땅인지를 알고, 쓰는 사람을 보면 그 지도자가 어떤 사람인 줄을 안다." 누구나 자기가 가진 시선의 높이 이상을 살 수는 없다. 그것이 정치의 운명도 결정한다. 인사를 보면 기능적 정치를 하는지, 시대 의식을 향해가는지 알 수 있다.

노무현, 이명박, 박근혜 대통령 모두 코드와 인연을 중심으로 하는 인사로 말이 많았고, 정치 범위나 질이 그 인사의 맥락을 넘어서지 못했다. 문재인 대통령도 혹시 마찬가지가 아닐까 걱정한다. 왜 마찬가지일까? 스스로 '폐족'이라고 한 적이 있던 사람들의 생각이나 이념을 그대로 잇고 있다. 외양은 달라 보이더라도 모두 같은 높이에 있다. 그들은 이미 정해진 이념을 집행하려는 사명감은 강하나, 정해진 이념의 답답함을 넘어서서 새로운 높이나 넓이로 확장하는 상상력은 부족했다.

이러면 시대 의식도 역사의 순방향에 서기보다는 진영에 갇히기 쉽다. 진영의 이념을 시대 의식으로 굳게 믿어버린다. 결국 나라는 반쪽으로만 운영되고 시선은 과거에 묶인다. 역사의 순방향에 서야 하는 시대 의식을 진영의 이념 안으로 가둬버리면, 그 진영을 공유하는 사람들끼리만 할 수밖에 없다. 지금처럼 과거 투쟁의 시절을 보낸 특정 집단에만 의존하는 한, 상상력은 나올 수 없다. 상상력은 확장이나 상승의 역할을 한다는 점 때문에 중요하다. 여기서 진정한 새로움이나 진보가 시작된다.

문재인 대통령은 스스로 혁명을 통해 태어났다고 말한다. 혁명은 완전히 새롭게 달라진다는 뜻이다. 하지만 이상한 일이다. 박근혜 대통령 때 일어난 일들이 정도의 차이만 있을 뿐 거의 모두 다시 나타난다. 방송 장악과 방송 정상화 사이가 그리 멀까? 노자가 《도덕경》 제20장에서 "'응'과 '예'라는 대답 사이가 얼마나 떨어져 있겠는가?(唯之與阿, 相去幾何)"라고 했듯이 말이다. 댓글 문제도 또 등장했다. 능력과 관계없는 코드, 낙하산, 보은 인사도 그대로다. 부적절 인사의 강행과 사퇴도 그대로다.

최근에는 정부 기관이 대기업들에게 자발적으로 돈을 내라는 요구까지 했다는 말이 들린다. 이전에도 다 이런 일로 난리가 났었다. 국정의 중심을 내각에 두지 않고, 청와대의 몇몇 친위 세력에 두는 것도 이전과 다르지 않다. '블랙리스트'는 그것이 배제의 정치를 조장하고, 배제의 정치는 가용 자원의 영역을 반만 사용하여 정치의 효율성을 떨어뜨리기 때문에 나쁘다. 블랙리스트가 없더라도 배제의 정치가 횡행한다는 점에서는 별반 다르지 않다. 발목 잡기 정치를 한다는 비난을 서로 주고받으며 지금도 이전과 똑같이 입에 오른다. 같은 높이의 시선에서는 같은 일들이 일어난다. 이제는 시선을 높여 기능적으로 같은 일들이 반복되지 않는 도전에 나서야 한다. 기능적 사고를 넘어야 한다. 정치 공학을 넘어 정치를 회복해야 한다. 그것이 혁명이다.

대통령, 국가 경영자

정해진 이념을 집행하는 능력 이상을 발휘하여 나라를 위로 쭉쭉 끌고 올라가야 하는 역할을 맡은 사람이 대통령이다. 그러기 위해서는 정치인에서 국가 경영자로 변신하는 일이 필요하다. 진영의 지지로 권력을 잡은 후에, 바로 진영의 울타리를 넘어서서 국가의 수반으로 변신해야 한다. 계속 진영에 갇혀 있으면 안 된다. 정치인에서 국가 경영자로 변신하려면 어쩔 수 없이 인적 쇄신이 감행된다. 이때 친구가 원수로 바뀌기도 하고 동지가 정적으로 바뀌기도 하지만, 대통령에게는 다른 방법이 없다.

혁명을 할 때의 인재와 국가를 경영할 때의 인재는 전혀 다르기 때문이다. 그래서 더욱 고독하고 외로워질 수도 있는데, 이 고독과 외로움을 두려워하면 국가 경영자로 변신하기 힘들다. 오히려 고독과 외로움을 자초하는 과정에서 통합이 이뤄지고 진영을 넘어선다.

최근의 우리나라 대통령들은 이 일을 잘 해내지 못했다. 긴 시간 분열과 반목의 정치는 줄지 않고, 통합의 정치가 늘지 않은 이유다. 위대한 정치인은 다 이 일을 해낸 사람들이다. 대표적으로 중국 한나라 건국자 유방(劉邦)을 들 수 있다.

유방은 행운아였다. 그의 곁에는 육고(陸賈)라고 하는 수준 높은 학자가 있었고, 유방 본인은 말귀를 알아듣는 능력이 있었다. 이것이 유방의 두 가지 행운이다. 육고는 유방의 변신을 강력히 권했다. 혁명에 성공했으니 이제 《시경(詩經)》, 《서경(書經)》 등의 '철학'을 공부하여 국가 경영자로 새로 태어날 것을 주문한 것이다. 결국 육고의 계속되는 강권을 참지 못하고 유방이 소리를 질렀다. "나는 말 잔등에 올라탄 채 천하를 차지했다. 꼭 《시경》, 《서경》 따위를 들을 필요가 있겠느냐?" 그러자 육고가 말했다. "말 잔등에 올라탄 채 천하를 차지했다고 해서, 어찌 말 잔등에 올라탄 채로 통치를 할 수 있겠습니까?" 유방은 이 말을 알아듣고, 그때부터 '철학' 공부를 시작했고, '한 번도 경험해보지 못한 전혀 새로운 국가'를 만들어 대업을 이룰 수 있었다. 시선의 교체와 상승을 동시에 이뤘다.

정치와 정책은 한 몸이어야 한다. 굳이 분리해서 말한다면, 우리는 그동안 정치는 성하고 정책은 약했다. 지금 대한민국은 정치의 전성기다. 그것은 전임 대통령과 그 주변 세력에 대한 실망과 문재인 대통령의 개인적인 매력이 겹쳐져 더욱 증폭되었다. 거기다가 최근에는 민족사의 비극을 종식시키고, 전혀 다른 평화의 시대를 열 가능성까지 열었다. 이는 단순히 정치로 논할 수 없다. 모든 논의를 사소하게 만들어버리며 또 복잡한 많은 일을 일거에 해결할 마법의 지팡이가 될 수도 있다.

그러나 정치는 언제나 정책의 실효적 집행을 통해서만 성취를 이룬다. 선진국의 힘은 정치적 주장이 아니라 정책의 수립과 그 집행 능력에서 나온다. 정치가 심리적 기대나 선동에 의해서 이뤄지지 않고 정책을 통해서 이뤄진다는 뜻이다. 고용 부진이 계속된다면, 정치가 타격을 받을 수 있다. 문재인 대통령의 정치는 고용에 대한 청사진으로 출발했다고 해도 과언이 아니다. 하지만 지금 고용 부진은 계속되고 있다. 덩달아 단선적 정책 집행이 계속되고 있다. 최저임금이나 대기업에 대한 정책은 그 부작용을 충분히 감지한 상태에서 집행되어야 한다.

국가는 '신령스런 기물[神器]'이다. 신령스럽다는 말은 분명히 알기가 어렵고 예측이 쉽지 않다는 뜻이다. 예를 들어 집창촌이 도덕적으로 나쁘기 때문에 바로 없애야 한다고 선동한다면 큰 박수를 받을 것이다. 그러나 급하게 강제로 없애려 덤빈다면 예측하기 어려운 일이 일어난다. 특정한 지역에서만 이뤄지던 성매매가 민가로

스며들어 오히려 성매매 지역이 넓어지는 계기가 될 수도 있고, 더 세밀하게 조직화될 수도 있으며, 심지어는 경제에도 영향을 끼칠 수 있으며, 갑작스런 실직자를 양산하여 사회적으로 불안한 계층을 만들 수도 있다.

도덕적으로나 이념적으로 사회 문제를 다룰 때 특히 주의해야 한다. 정책은 이념이나 도덕이 좌우하지 못한다. 철저히 국가 전체의 실리에 따라 움직여야 한다. 정책은 또 시대 의식을 반영하여 새롭고 도전적이며 실효적이어야 한다. 교육 정책을 추진하는 교육부의 혼선을 보면 어떤 상상력이나 도전도 읽을 수 없다. 새로움이나 책임성도 읽을 수 없다. 만약 정부의 다른 부처들도 이러하다면 우리의 정치는 아직 정책을 통해서 이뤄질 수 있는 단계가 아니다. 그러면 위원회만 많아지고, 그 많은 위원회 속에서 토론하고 회의만 하다가 시간을 보내기 쉽다. 우리의 새로운 시대 의식은 이제 정치보다 정책으로 무게중심을 옮기는 것이다. 이제 정치가 아니라 정책이다.

국가는 정책의 수립과 집행으로 작동한다. 그 일을 책임지고 맡아서 하는 사람들이 공무원이자 관료다. 그래서 모든 개혁과 혁신의 최종 목적지는 사실 관료층에 닿는다. 지금 적폐 청산의 초점이 민간에 맞춰지고 있지만, 소득은 그리 크지 않을 것이다. 아무리 민간의 적폐 청산이 완벽하게 이뤄진다고 해도 정책 집행권을 가진 관료를 개혁하지 않는 한 나라 전체의 소득은 크지 않을 뿐 아니라 별무소용으로 끝날 수도 있다. 그래서 개혁의 좌절은 자주 관료 개혁의 좌절과 통하곤 했다.

국가가 운영되는 길목을 지키고, 그 길의 소통을 좌지우지하는 힘은 관료들이 가지고 있기 때문이다. 비근한 예로 새로운 산업이 혁명적으로 전개되는데, 관료들은 과거의 규제로 그것들을 다룬다. 길이 막히고 폐단이 쌓일 수밖에 없다. 대통령은 위원회를 만들어 회의를 주재한다. 연구하고 토론하면서 시간은 가고 시절은 흐른다. 옆 나라들은 규제를 과감히 수정하고 철폐하며 거침없이 나아가는데, 상대적으로 우리는 멈춰 서서 관망하고 있는 격이다. 말은 급하지만 몸은 한가하다. 새로운 시대에 맞도록 철폐된 규제가 얼마나 될까? 차라리 이것이 고용 지표를 따지는 일보다 더 중요할 수도 있다.

연약한 희망

문재인 정권은 탄생도 극적이고 정권 탄생 일 년 만에 극적인 풍경을 새롭게 펼치기 시작했다. 혁명으로 태어나서, 다시 일 년 만에 새로운 혁명적 상황을 만들었다. 예단하기는 어렵지만, 잘 진행된다면 민족사의 엄청난 새 장을 열 것이다. 지금까지 까칠하게 했던 지적들을 일거에 해소하고, 우리의 시선을 전략적 시선으로 가볍게 끌어올릴 수도 있다. 그야말로 혁명적인 계기다. 혁명은 기존의 정치 질서가 실효적 지배력을 잃고 갑자기 '야만'으로 되돌아가는 일이다. 야만으로 복귀! 하지만 이 야만의 혼돈 속에서 새로운 질서를 형성하는 강한 희망을 품는다. 그래서 혁명은 언제나 희망이다.

정권 탄생 일 년 만에 다시 또 혁명적으로 남과 북은 이제 '야만'의 시대를 종식시키고, 새로운 평화의 시대를 열려고 시도했다. 우리 민족이 품을 수 있는 희망 가운데 일단은 가장 큰 희망이다. 문재인 대통령의 일 년은 우리에게 희망을 갖게 했다는 점에서 희망적이었다. 하지만 희망이 생겼다는 점 말고, 아직은 근거도 약하고 확신도 어렵다. 심리적 기대에 쉽게 빠지는 정치를 벗어나는 것이 좋겠다. 심리적 기대를 객관적 사실로 착각하는 오류에서 벗어나면 된다. 정책으로 정치를 완수하는 일만 남았다. 희망을 실현하는 유일한 길이다.

국가란 무엇인가

대한민국이라는 국호, 즉 국가의 명칭을 백 년이나 사용하고도 새삼스럽게 다시 '국가란 무엇인가'를 물어야 하는 것은 우리 자신에게 매우 복잡한 일이다. 아니, 내게만 갑자기 복잡해졌는지도 모르겠다. 지금 대한민국의 지성계나 정치계를 둘러볼 때, 나만 혼자서 심사가 복잡한 것이 아닌가 싶기도 하다. 내가 미쳤는지 스스로 의심이 된다. 그렇더라도 나를 복잡하게 하는 이 질문을 그냥 넘기지는 못한다. 왜냐하면 내가 보기에, 우리는 지금 국가를 국가의 단계에서 대하지 못하고 있는 것 같기 때문이다. 일단 미쳤을지도 모를 사람이 국가란 무엇인가에 대해서 말해본다.

국가는 배타적 집단

개인의 세계가 가장 넓게 확장된 공적 영역은 국가다. 한 개인은 자신의 사고나 가치 혹은 생활의 영역을 자신의 주관적인 뜻대로 오대양 육대주나 우주까지 확장할 수도 있겠지만, 법적인 제약을 공유하면서 보호를 받고 권리를 주장하는 공적인 영역으로는 국가가 가장 크다. 자기가 속한 국가를 벗어나서도 최소한의 보호나 권리를 향유하려면 여권을 사용해야 한다. 그것마저도 국가 간의 협의를 거쳐 허락되어야만 가능한 일이니 개인의 삶이 보호받고 또 허용되는 일이 일어나는 가장 큰 단위는 국가다. 보호와 허용은 이미 정해진 규칙에 따른다. 이 규칙은 한 국가 안에서 누구나 다 지켜야 하기 때문에 공적 영역이다. 다시 말해, 공적인 체계를 구성하고 공유하면서 서로 북돋우고 견제하는 삶의 장치로는 아직까지 국가보다 더 큰 것이 개발되지 않았다. 물론 이것이 달라질 수도 있다. 그러나 아직까지는(앞으로도 상당 기간) 개인에게 가장 큰 공적 공간으로 국가를 넘어선 것은 없다. 이런 맥락에서 볼 때, 국가는 안전과 이익을 공유하는 배타적 집단이다.

국가가 가진 가장 큰 특징은 배타성이다. 배타성은 배타적 동일성을 필연적으로 수반한다. 그래서 동일성은 대내적으로 적용되고, 배타성은 대외적으로 적용된다. 배타성을 발휘하고 동일성을 유지하려는 힘이 폭력이다. 그래서 국가는 폭력을 사용할 수 있는 배타적 집단이라고 해도 된다. 국가 안에서 폭력은 관리되어야 한다. 모든 사람이 폭력을 임의대로 사용하면 국가가 유지되기 어렵기 때문에 구성원들이 가진 모든 폭력성을 다 거두어서 국가가 총체적으로 관리한다. 국민은 폭력을 사용하면 안 되고, 국가는 폭력을 사용할 수 있다. 국가가 폭력을 대외적으로 사용할 때는 군대가 나서고, 대내적으로는 경찰이 나선다. 군대와 경찰로 한 국가의 폭력은 관리되고, 내외적으로 생명과 재산이 보호되는 것이다. 국가가 안전과 이익을 공유하는 배타적 집단임을 감안할 때, 결국 최종적인 일은 전쟁으로 나타난다. 그렇다면 국가는 전쟁을 하는 집단이라고 해도 과언이 아니다. 군대가 얼마나 중요한 것인지 알 수 있다. 한 국가의 자부심과 역량은 최종적으로 군대로 표현된다. 그래서 대통령은 군 통수권자가 된다. 대통령을 규정하는 어휘 가운데 대통령과 가장 일치하는 것이 바로 군 통수권자다. 헌법 제66조에서 대통령을 국가원수로 규정할 때, 그 핵심적인 내용은 군 통수권자라는 뜻이다. 제74조에서는 따로 대통령을 군 통수권자로 명문화하고 있다. 군 통수권자로서 대통령은 다른 나라에 선전포고를 할 수 있고 또 강화도 할 수 있다(헌법 제73조). 따라서 국가의 목표는 단 하나가 될 수밖에 없다. 그것은 부국강병(富國强兵)이다. 부국강병을 이루는 데 도움이 되지 않는 것은 어떤 것이라도 국가 단위에서는 배제해야 한다. 문중이나 시민 단체나 동아리나 정치집단에서는 부국강병과 다른 길을 가려고 할 수도 있다. 그러나 국가에는 부국강병만

이 유일한 길이다. 사실 부국강병에서도 부국이 강병을 위하는 것인 만큼, 국가에는 강병이 최종 목적지다. 그래야 국민의 생명과 재산을 보호할 수 있기 때문이다. 강병이 빠진 부국은 체력은 없이 체격만 커진 꼴과 같이 허망하다. 이 허망함을 감추려다 보면, 정신 승리법으로 겨우 버티는 아큐(阿Q)가 된다. 우리는 이미 아큐인지도 모른다.

김원봉의 경우

대통령이 2019년 현충일 추념사에서 김원봉을 언급하여 많은 논란이 일었다. 대통령도 말했듯이 "현충원은 살아 있는 애국의 현장"인데, '애국'이라고 할 때의 '국(國)'은 국가로서의 '대한민국'이다. "애국 앞에 보수와 진보가 없습니다"라고도 했는데, 애국으로 통합되어야 할 보수와 진보는 중국의 보수와 진보도 아니고, 미국의 보수와 진보도 아니고, 조선민주주의인민공화국의 보수와 진보도 아니다. 배타적으로 대한민국의 보수와 진보일 뿐이다. 문재인 대통령은 이 말을 할 때, 말로는 '애국'이라고 하면서 느낌은 '민족'을 가졌을지 모른다. 민족적 의미에서 기려야 한다면, 민족적으로 기리면 된다. '애국의 현장'은 대한민국만을 중심에 놓고 배타적으로 적용해야 한다. 국가는 원래 그런 것이다. 조선민주주의인민공화국의 수립에 기여하고, 6·25 전쟁 중에 대한민국의 파괴를 위해 적극적으로 활동한 사람을 애국의 한 전형으로 제시하고 싶어 하는 것은 아직 논리적으로 부족하다. 민족과 국가 사이에서 중심을 잡지 못하면 논리를 좌충우돌 끼워 맞추려 할 것이다.

　남한이나 북한이나 권력을 배타적으로 응집하여 완전한 독립의 상태에서 자력으로 국가를 세우지 못했다. 해방 자체를 우리 힘으로 하지 못했을 뿐 아니라, 나라도 근본에서는 미국과 소련이 도와서 세운 것이나 마찬가지다. 여기서 누가 더 자주적이었는가 하는 논쟁은 정치적인 우격다짐일 뿐이지 별다른 의미가 없다. 근대국가를 세워본 경험도 없이 자주권을 상실한 우리는 일본에 저항하고 독립 의지를 키우기 위해서 민족이라는 개념에 기댈 수밖에 없었다. 민족은 근대국가 안에서 국가를 이루는 중심 요소가 되지만, 굳이 구분해서 말한다면 국가가 민족을 리드하는 방향으로 나아갔다. 국가가 민족 개념을 리드해서 국민국가를 이룬 프랑스와 달리, 독일은 여러 요인 때문에 민족 개념으로 국가를 리드하려다가 나치즘에 빠지는 우를 범했다. 우리의 민족관은 아직 과거의 독일 쪽에 더 가까운 특성을 보인다. 우리는 국가가 무엇인지, 무엇이어야 하는지에 대하여 삶의 뿌리에서 인식을 형성하지 못한 상태에서 국가를 가졌기 때문에 국가를 국가의 높이에서 다룰 실력이 아직 부족한 것으로 나타난다. 국가보다 민족이 더 생생한 상태다.

민족은 상상의 공동체

민족은 상상의 공동체다. 언어나 문화나 풍습을 공유한다는 믿음으로 구성되는 정서적 공동체다. 법률로 관리되는 것이 아니다. 그래서 민족에 빠지면 감정과 정서에 치우치게 된다. 국가는 감성과 정서를 배제한 법률과 이성으로 관리된다. 민족은 따뜻하지만, 국가는 차가울 수도 있다. 민족은 정서적이고 심리적인 기대가 허용될 수도 있지만, 국가는 철저히 이성적이고 사실적 효과에만 기댄다. 민족에 빠지면 호소하려 들고, 국가관이 투철하면 힘을 길러 판을 조정하려 한다. 힘을 믿지 않고 설득과 호소와 간절한 눈빛과 따뜻한 태도를 앞세워 일을 이루려고 한다면, 이는 아직 국가가 무엇인지 모르기 때문이다. 혹시 상상의 공동체인 민족을 앞세우면 이런 태도들을 보일 수도 있다. 그러나 국가의 일은 국가적 단계에 맞는 태도로만 성사된다. 대통령은 대한민국의 원수이지, 민족의 지도자가 아니다. 이것을 분명히 하지 않으면 나라의 모든 일이 복잡해지고 해결이 난망해진다. 모든 것이 꼬일 수 있다.

외국의 귀빈이 방문하면 의장대를 사열하곤 한다. 의장대 사열을 베푸는 국가의 입장에서는 따뜻하고 친근함을 표현하려는 의도로 하는 것이 절대 아니다. 자국의 군대가 얼마나 군기가 잡혀 있으며, 얼마나 강한지 과시하려고 하는 것이다. 자국의 폭력성이 얼마나 잘 정련되어 있는지를 알게 해주려는 것이다. 국군의 날도 마찬가

최진석의 대한민국 읽기

지다. 대내적으로는 자국 국민에게 국가의 폭력성이 얼마나 잘 훈련되어 있고 잘 관리되고 있는지 보여줌으로써 국민의 생명과 재산이 잘 지켜질 것이라는 믿음을 주려는 것이고, 대외적으로는 우리가 이렇게 강하니 함부로 건드리지 말라고 과시하는 것을 목적으로 한다. 국군의 날은 '무력 과시의 날'이지, 흥을 돋우고 위로를 나누는 날이 아니다. 그런 일은 따로 하면 된다. 유엔 참전 용사의 희생과 헌신에 경의를 표하기 위해 〈어메이징 그레이스(Amazing Grace)〉를 열창하는 날이 아니다. 국군의 날은 참전 용사의 희생과 헌신을 기리는 날이 아니다. 그런 날은 따로 있다. 군인들을 위로하고 격려하는 날이 아니다. 그런 일은 날을 따로 잡아 해야 한다. 군사 퍼레이드도 없이 야밤에 가수들을 불러 쇼로 국군의 날을 보내는 일이 처음으로 벌어졌다는 것은 이제 국가가 무엇인지 모르는 단계를 벗어나 국가는 아무래도 상관없다는 방치의 단계로 간 것이 아닌가 하는 우려를 금할 수 없다. 국가가 아무래도 상관없다면, 과연 상관있는 것은 무엇인가? 군대와 대통령의 마음속에 국가보다 더 상관있는 것이 있다면, 이는 보통 심각한 문제가 아니다.

국가가 민족을 살리지, 민족이 국가를 살리지 않는다

아덴(Aden)만에서 임무를 마치고 귀항한 해군 청해부대의 '최영함' 입항 환영 행사 도중 사고로 군인 한 명이 사망하고 네 명이 부상을 당했다. 군 통수권자인 대통령은 국방부 장관을 대동하고 바로 달려와야 한다. 여의치 않으면 빈소에라도 와야 한다. 대통령이 비서관을 통해 조화를 보내고 직접 조문하지 않은 것은 군 통수권자로서의 사명감이 아직 부족하기 때문이다. 서해 수호의 날에 대통령이 연속해서 참석하지 않은 것은 국가가 무엇이고 대통령은 어떻게 해야 하는 것인지에 대한 인식이 없는 것으로 보인다. 민간 사고의 희생자보다 군 사망자들이 대접을 덜 받을 뿐만 아니라 국가의 관심 밖으로 밀려나는 것 같은 느낌을 주고 있는 것이 어제오늘의 일이 아니다. 작은 문제가 아니다. 이런 일들이 국가에 대한 인식이 부족해서 일어났어도 문제지만, 더 큰 문제는 누군가를 배려하고 눈치를 보느라 그리되었다면 그보다 더 심각한 일은 없을 것이다. 골목에서야 배려하고 눈치를 보며 굽실거리면 무엇인가 얻을 수도 있다. 그러나 국가는 절대 그렇지 않다. 국가가 이렇게 하면 아무것도 못 얻고 치욕만 남긴다. 골목과 국가를 분명히 구분해야 한다. 골목길의 평화는 싸울 의지를 보이지 않고, 비굴한 태도를 보이고, 망신을 당하고도 그냥 모른 체하고 넘어가면 얻어지기도 한다. 그러나 나라의 평화는 싸울 의지를 더 분명히 하고, 당당한 호전성을 거침없이 과시해야만 얻을 수 있다. 북한 비핵화는 한 걸음도 진척이 없는데, 군 대비 태세를 스스로 허물고 있는 것도 국가를 국가의 높이로 경영하고자 했다면 있을 수 없는 일이다. 군대에는 언제나 목적한 일이 다 풀리고 난 후, 마지막 단계에서나 겨우 조금 손

최진석의 대한민국 읽기

을 댈 수 있다. 우리는 비핵화 진행 과정에서 가장 나중에 손을 대야 할 군대에 가장 먼저 손을 댔다. 2018년의 9·19 남북군사합의가 그렇다. 대통령이 대통령으로서 가져야 할 최소한의 자세를 가지고 있는지 자세히 살펴볼 필요를 느끼게 한다.

대한민국의 거의 모든 문제는 국가를 국가의 높이에서 경영하지 않는 것에 뿌리를 두고 있다. 국가와 민족 사이에서 대통령이 중심을 잡지 못하고 있을 수도 있다. 분명한 것은 민족의 시각으로는 국가의 문제를 풀지 못한다는 것이다. 하지만 국가의 시각으로는 민족의 문제를 풀 수 있다. 국가가 민족을 살리지, 민족이 국가를 살리는 일은 없다. 게다가 우리는 민족들로 둘러싸여 있는 것이 아니다. 국가들에 둘러싸여 있다. 국가들과는 다 등을 돌리고, 민족이라고 상상하는 북한에만 목을 매고, 그 북한과 가까운 중국에만 굽실거리는 것으로는 국가의 높이에 있는 문제는 풀리지 않는다. 아큐가 되어 풀리지 않은 현실을 풀린 것으로 '정신 승리' 하는 것이 전부일 수도 있다. 심지어 북한과 중국도 민족적 처신을 하고 있지 않다. 철저히 국가적 처신을 하고 있다. 우리만 그것을 애써 알려고 하지 않을 뿐이다. 우리만 환상 속에서 꿈을 꾸고 있는 것은 아닌지 걱정이 크다. 국가란 무엇인가? 이제부터라도 다시 공부해야 한다.

국가의 무지, '타다'의 경우

무지 때문에

모빌리티 플랫폼 '타다' 문제를 접하다가 예상대로 흘러가는 것을 보고 관점의 차이겠거니 하면서 스스로를 달래보기도 했다. 그러나 관점의 차이가 아니었다. 결국은 무지하기 때문이다. 무지가 어떻게 '타다'의 문제까지 연결되는가. 우리가 보통 안다고 말할 때의 앎은 어떤 것에 대하여 지식을 갖는 것이라고 하나, 그것으로는 앎을 다 설명하지 못한다. 앎은 아는 것을 바탕으로 해서 모르는 곳으로 넘어가려고 발버둥 치는 일이다. 앎은 지식이 아니라 오히려 발버둥이다. 이 발버둥은 어디를 향하는가? 아직 이해되지 않은 곳, 아직 알려지지 않은 곳을 향한다. 이 발버둥을 통해서 앎은 자기 역

최진석의 대한민국 읽기

할을 제대로 한다. 즉, 미래를 여는 것이다. 미래를 향하는 사람들은 항상 아는 것에 멈추지 않고, 아는 것을 근거로 해서 모르는 곳으로 넘어가려고 발버둥 친 사람들이다. 아는 자는 모르는 곳으로 넘어가려고 발버둥 치고, 모르는 자는 이미 알고 있는 것만을 주물러 자기 성을 쌓는다. 아는 자는 미래를 열지만, 무지한 자는 멈춰 서서 과거의 것들을 지킨다. 제대로 훈련된 지식인이라면 미래를 여는 정방향에 서서 발버둥을 친다. 훈련이 제대로 되어 있지 않으면 자기가 쌓은 성 밖으로 감히 나서지 못한다. 성을 나서지 않고 성 밖의 변화에 반응하려는 삶은 힘이 든다. 그런 사람들은 이 힘든 과정을 억지로 견디면서, 그것을 열심히 사는 것으로 포장하거나 심지어는 자신을 헌신하는 자로 각색한다. 어쨌든 정책을 결정하는 위치에 '아는 사람'이 있는 나라는 효율적이었고, 거기서 무지가 판을 치면 비효율적이었다. 이치는 복잡하지 않고 간단하다. 효율적인 일이 계속 이어지면 흥하고, 비효율이 계속 이어지면 망한다.

조총과 활

아는 자, 즉 발버둥을 칠 줄 아는 사람들은 어떤 물건을 '현상적인 차원에서 감각되는 것'으로만 보지 않는다. 발버둥을 쳐서 감각을 넘어서는 차원으로까지 인식을 확대할 줄 안다. 시간을 돌려 조선 시대로 가보자. 어디선가 조총이 새로 발명되어 조선에까지 들어왔다. 물론 조총도 앎의 발버둥을 칠 줄 아는 누군가 만들었다. 앎의 발버둥은 발명할 때 한 번만 행사되는 것이 아니다. 그 이후로도 사용의 과정에서 계속될 기회가 생긴다. 앎의 발버둥을 치는 사람에게 조총은 보고 만지는 현상적 차원의 것이 다가 아니다. 보고 만지는 차원을 넘어서서 '구조'적인 차원까지 이해의 전선을 확장한다. 현상적 이해를 넘어 구조적 이해에 도달한다.

조총 이전의 것이면서 조총에 비견되는 것은 활이다. 조총은 활보다 사거리가 길고 파괴력이 크다는 사실에만 머물지 않는다. 기능적으로는 그렇게 보이지만, 조총을 주력으로 구성할 전투의 양식이나 대오의 형성이나 훈련의 방식 등은 활이 구성하는 그것들과는 전혀 달라진다. 총체적으로 전쟁의 구조가 달라지는 것이다. 그럼 그 구조는 어떻게 해서 달라지는가. 바로 재료가 달라지고, 제조법이 달라지고, 작동 메커니즘이 달라지면서 다른 구조를 갖게 되기 때문이다. 조총은 활과 다른 구조로 확장되면서 전혀 다른 세계를 만든다. 이것이 구조적인 차원에서 이해한다는 뜻이다. 보고 만지는 현상적 차원에 대해서 '앎의 발버둥'을 쳐야만 아직 알려지지 않은 구조의 차원으로 넘어갈 수 있다. 무지하면 이런 인식 차원의 이동이 일어나지 않는다.

보고 만지는 단계의 현상적 인식에 갇혀 있으면 조총과 활의 차

최진석의 대한민국 읽기

이는 크지 않다. 활에 화살을 걸어 쏠 준비를 하는 것에 익숙한 사람에게는 조총에 화약을 쑤셔 넣어 쏠 준비를 하는 것이 오히려 번거롭게 보일 뿐이다. 이렇게 말할 수 있다. "조총이 무슨 대단한 신무기냐? 별것도 아니면서 수선스럽기만 하다. 차라리 활이 더 편하다." 조선 시대에도 조총이 들어온 초기에 이런 흐름이 있었다. 이것이 현상적 인식에 머무르는 무지한 방식이다. 구조에 대한 인식으로 넘어가지 못하고, 현상적인 단계의 기능에 파묻힌 인식이다. 이런 사람들에게는 기능만 보일 뿐이다. 기능만 보면 기능적인 차이로만 혁신의 가치를 매기고, 혁신을 별것 아닌 것으로 과소평가한다. 과소평가하면 적응이 늦고, 적응이 늦으면 뒤처진다. 하지만 구조적으로 보면 활과 조총은 전혀 다른 물건이다. 무엇인가를 발사하여 사람을 죽이는 기능은 같지만, 각각이 펼치는 구조적인 변화와 맥락이 전혀 다르기 때문이다. 기능적인 차이를 넘어서서 구조와 맥락의 차이를 아는 정도가 되면, 조총에 적응하려고 노력할 것이다. 그래서 장전에 들어가는 시간을 전술적으로 해결하는 방법을 고안할 것이다. 예컨대, 열을 지어 서서 앞줄에서 발사를 마치면 그 시간에 화약을 채우던 뒷줄에서 이어서 사격을 하는 방식으로 전혀 다른 전투 대오를 개발하는 것이다. 전장의 또 다른 세계는 이렇게 만들어진다.

이런 상황에서 조총과 활을 너무 긴 시간 같은 차원에 놓고 비교하며 물고 늘어지다가는 전장의 새로운 세계를 열 수 없다. 조총과 활이 기능적으로는 유사하지만, 구조적으로 전혀 다른 것임을 인식해야 한다. 이것이 아는 자와 모르는 자의 차이다. 미래를 여는 자와 과거에 닫힌 자 사이의 차이다. '타다'와 택시는 기능적으로 보면 유사하게 보일 수 있지만 구조적으로 보면 전혀 다르다. 작동 시스템이 다르고 운영 체계가 다르기 때문이다. 조총과 활의 차이와 유사하다. '타다'를 반대하는 사람들이 자주 하는 말이다. "택시보다 별로 혁신적이지도 않다." 조총이 새로 등장했을 때 활에 익숙한 사람들이 조총에 대해 하는 말과 똑같다. '타다'는 택시가 아니다. 자동차는 마차가 아니고, 택시는 인력거가 아닌 것과 같다.

질문보다는 대답에 익숙한가?

'타다'를 허용하느냐 안 하느냐의 문제는 단순히 어느 한쪽을 선택하는 것에 한정되지 않고, 우리에게는 그보다 훨씬 더 근본적인 문제가 있다. 우리는 새로 등장한 것을 환영하기보다는 이미 있는 것들을 지키는 일에 더 익숙하도록 훈련되어 있고, 미래를 여는 일보다는 과거를 지키는 일에 더 익숙하도록 훈련되어 있다. 끔찍한 올가미나 덫에 갇힌 형국이다. 우리는 새로운 것들을 환영하거나 미래를 여는 시도를 하는 것보다 이미 있는 것을 보호하고 과거를 따지는 일에 몰두해야 진실한 삶을 사는 것 같은 생각이 들도록 훈런되어 있다. 이는 질문보다는 대답에 익숙하도록 훈련된 것과 연관이 있다. 대답은 이미 있는 이론과 지식을 그대로 담아두었다가 누가 요구할 때 그대로 뱉어내는 일이다. 이때 승부는 누가 더 빨리 뱉어내는가, 누가 더 많이 뱉어내는가, 누가 더 원래 모습 그대로 뱉어내는가에 좌우된다. 대답에 빠지면 원래 모습을 중시할 수밖에 없다. 그런데 원래 모습은 시제로 과거에 해당한다. 그래서 대답에 익숙하도록 훈련된 인재들이 채우는 사회는 모든 문제가 과거 논쟁으로 빠지고, 과거를 파헤치는 일에 빠져야 진실한 삶을 사는 느낌이 들게 되어 있다. 질문은 궁금증과 호기심이 튀어나오는 일인데, 이 궁금증과 호기심은 본질적으로 아직 해석되지 않은 세계, 즉 미래를 향한다. 지금까지 우리는 질문하는 힘은 매우 약하고 대답하는 능력은 매우 강하다. 이 말의 의미는 간단하다. 우리에게는 과거에 갇히기 쉬운 경향이 있고, 미래를 열기에는 매우 어려운 성향을 가지고 있다는 사실이다. 과거에 갇힌다는 뜻이 제도적으로는 규제에 갇히는 것으로 나타날 뿐이다.

미래는 규제할 수 없다

새로 등장하는 것에 적극적이던 때가 있었다. 산업화 시기였다. 산업화를 지내고 나서 민주화를 거치며 지금까지는 다시 과거에 갇혀버렸다. 과거에 갇힌 관료들은 규제를 앞세운다. 모든 새로움은 규제에 갇혀 싹을 틔우지 못하고 고사한다. 드론이 그랬다. 규제를 앞세운 한국의 드론 산업은 처음에는 중국보다 기술력이 앞섰지만 이제는 존재감이 없어졌다. 규제를 적용하기 전에 먼저 허용을 선택한 중국은 드론 산업의 후발 주자로 등장했는데도 세계를 제패했다. 여기서 발생했어야 할 이익을 놓친 책임은 누가 질 것인가? 전적으로 국가의 책임이다. 이런 상황에서도 배운 바가 없다. 대통령이 나서서 아무리 '인공지능 국가 전략'을 발표해도 인공지능의 토대인 데이터를 모으는 일이 규제에 갇혀 순조롭지 않다면 공염불이 될 가능성이 크다. 데이터를 모으지 못하면 4차 산업혁명은 없다. 당연한 일 아닌가? 생명공학은 어떤가. 수많은 규제에 갇혀 새로운 시도는 아예 엄두를 못 낸다. 새로운 기술력으로 가능해진 원격의료도 불가능하다. 이 혁명의 시기에 혁명의 흐름에 맞춰 우리에게 가능한 것은 도대체 무엇인가.

4차 산업혁명의 주요 주제 가운데 하나가 공유 경제다. '타다'의 문제는 '타다'에 한정되지 않는다. 새로운 형태의 공유 경제를 경험하느냐 경험하지 못하느냐와 직결된다. 이런 경험의 정도가 점점 쌓이면서 4차 산업혁명의 적응 능력을 기르는 데 매우 큰 영향을 미친다. '타다'의 금지는 이 적응 능력의 축적을 금지하는 것과 같다. 2017년에 워싱턴에 갈 일이 있었다. 가기 전부터 나는 '우버(Uber)'를 타볼 계획을 세웠다. 우버를 타면서 전혀 새로운 삶의 방식 속으로 진입한 느낌을 받았다. 그 편리함도 매우 만족스러웠지만, 소비자의 선택이 매우 강한 주도권을 행사하며 작동되는 매우 특별한 느낌도 받았다. 지금 벌어지고 있는 '타다' 논쟁에서 가장 우스운 일은 소비자(이용자)가 전혀 고려되지 않고 철저히 배제되어 있다는 사실이다. 왜 소비자에게는 묻지 않는가. 고정된 제도의 틀만 다루다 보니, 유동적이고 가변적인 소비자를 고려하지 못하는 것이다. 그러나 세계의 진실은 가변적이고 유동적인 소비자에게서 확인된다는 사실을 잊으면 안 된다. 경험과 이용의 주체는 소비자다. 나중에는 결국 소비자가 결정한다.

문명의 흐름에 맞는 새 일을 시도하는 것 자체도 어려운데, 과거에 갇힌 규제로 그런 시도를 하는 사람들을 더 어렵게 해서는 안 된다. 지금 우리나라는 철저하게 과거에 갇혔다. 격려는 못 할망정 방해는 말아야 한다. 다른 나라들과 경쟁해야 할 사람들을 규제와 싸우게 하여 진을 빼는 일은 하지 말아야 한다. 새로운 일을 꿈꾸는 사람이 허가권을 가진 관청을 떠올리기만 해도 가슴이 답답해진다면, 이는 발전할 수 있는 나라가 아니다. 최대의 격려는 허용하는 일이다. 국가의 발전은 규제에 있지 않고 허용에 있음을 명심해야 한다. 《미래는 규제할 수 없다》라는 구태언의 책 제목이 절규처럼 들려서는 안 되지 않겠는가?

친일과 대한민국,
경술국치 110주년

조국과 민족의 번영을 꿈꾸는 나는 2019년 7월에 발표한 '국가란 무엇인가'라는 글을 이렇게 시작했다.

"대한민국이라는 국호, 즉 국가의 명칭을 백 년이나 사용하고도 새삼스럽게 다시 '국가란 무엇인가'를 물어야 하는 것은 우리 자신에게 매우 복잡한 일이다. 아니, 내게만 갑자기 복잡해졌는지도 모르겠다. 지금 대한민국의 지성계나 정치계를 둘러볼 때, 나만 혼자서 심사가 복잡한 것이 아닌가 싶기도 하다. 내가 미쳤는지 스스로 의심이 된다."

글을 발표한 후 내 고향 전라도 땅에서 더 많이 냉소적인 눈빛을 받은 것은 매우 괴롭고 위축되는 일이다. 지금 다시 글을 쓰면서

최진석의 대한민국 읽기

'국가란 무엇인가'를 쓸 때보다 더 괴롭다. 위축되어 쭈그러진 심장을 다시 펴야 하니 자기 검열도 심해지고 표정을 감춘 채 곁눈질하던 얼굴도 더 많이 떠오른다. 솔직히 이제는 내가 정말 미친 것 같다. 가까이서 곁눈질하던 그 눈빛들에 이해를 구하려던 심정도 서운한 마음도 이제는 사라졌다. 내가 미쳤을 것이라는 확신이 강해질수록 되레 미안한 마음이 든다. 그 눈빛들에 말한다. "내가 미쳐서 미안하다."

일본으로부터 해방되고 75주년이 되는 날, 대한민국은 친일과 반일 논쟁의 아비규환 속으로 다시 회귀했다. 논의의 주제가 그 시대를 결정한다. 우리는 75주년을 기념하면서 75년 전으로 돌아갔다. 권력을 가진 주도 세력이 이 회귀를 강력히 원하니 어쩔 수 없다. 주도 세력에 속한 어느 국회의원은 페이스북에 올린 글에서 프랑스는 '민족 반역자에게는 공소 시효가 없다'고 하면서 나치 부역자들을 끝까지 추적해 처벌했고, 민족 반역자를 철저히 처벌하고 나서 프랑스는 톨레랑스(tolerance), 관용의 나라, 문화 예술 강국이 됐다고 말한다. 그러면서 광복절 75주년에 프랑스의 민족정기 바로 세우기의 기풍을 생각한다고도 했다. 우리는 친일 청산을 말하면서 곧잘 프랑스의 예를 들곤 한다.

국민국가와 민족국가

지금 경영되는 근대형 국가를 민족국가, 즉 'nation-state'라고 하는데, 이때 'nation'은 '국민'으로 해석되기도 하고 '민족'으로 해석되기도 한다. 그래서 민족국가를 국민국가라고도 부른다. 민족 개념은 좀 복잡하다. 민족국가(국민국가)는 중세의 자연 경제가 붕괴하고 상업이 발달하면서 민족을 전제로 성립한 국가 시스템인데, 여기서는 혈연적 종족 의식이 하나의 중요한 밑바탕이기도 하지만, 근대 국가를 국민국가라고 하면서 거기에 민족국가라는 표현을 연결시킬 때의 '민족'은 혈연적 종족 의식보다는 국민 간의 정서적 일체감을 표현하는 방향으로 진화한다. 이런 진화는 프랑스혁명 시기에 국민을 법률적인 맥락으로 정의하면서 시작되었다. 혁명기인 1789년 8월, 프랑스 국민의회는 "인간은 나면서부터 자유로우며 평등한 권리를 지닌다"는 문장을 제1조로 하는 '인간과 시민의 권리 선언'을 발표한다. 이때의 '국민'은 종족이나 혈연적 의미에서의 '민족'보다는 종족이나 혈연적 의미가 떨어져 나간 '시민'이라는 의미에 더 가깝다. 1791년에 처음으로 헌법이 제정된 후, 프랑스는 왕권신수설을 버리고 입헌군주국으로 등장한다. 국왕도 국가를 대표하는 하나의 관료로 규정된다. 이런 과정을 겪으면서 '민족'은 종족과 혈연을 기본으로 하는 정서적 일체감보다는 하나의 법률을 공유하는 공동체로서의 일체감을 가진 '국민(시민)'을 의미하게 된다. 방금 말한 공동체는 우리의 가슴속에 들어 있는 민족이 아니라 국가다.

이렇게 하여 근대적 의미의 국가를 국민국가와 민족국가 두 가지로 표현해도 둘 사이에서 의미가 어긋나지 않는다. 그 후로 민족은 정서적 일체감이 중시되는 관념이나 상상의 공동체가 되었고, 국가는 하나의 법률적 지배를 받아들이는 공동체가 되었다.

프랑스와 독일의 경우

프랑스와 달리 독일은 국민국가의 성립이 백 년 정도 늦었다. 1871년에야 독일제국이 성립된다. 게다가 훨씬 전부터 독일은 혁명을 거친 프랑스에 점령당하자 프랑스 혁명의 성취였던 '시민 – 민족주의'에 저항하는 수단으로 '종족 – 민족주의'를 강화한다. '민족' 개념에서 '종족'이라는 의미를 탈각시키지 못한 것이다. 사실 프랑스는 혁명을 통해 근대국가를 세웠기 때문에 영토나 정치적인 측면에서 하나 된 통일국가를 이루기 쉬웠다. 그러나 독일은 전쟁으로 통일을 했기 때문에 프로이센이나 합스부르크 제국 등 적지 않은 영주국들이 감정적으로 하나가 되지 못한 채 비교적 엉성하게 합쳐졌다. 독일 입장에서는 이 정치적 불일치 상태를 해결할 강력한 끈끈이가 필요했고, 그것을 종족에서 찾았다. 이는 훗날 아돌프 히틀러(Adolf Hitler)의 나치즘이 태동하는 씨앗으로 작용한다. 독일의 종족 – 민족주의는 일본으로 전파되었으며, 한국은 일본을 통해 이 경향을 강하게 받았다. 한국이 이 경향을 강하게 받은 것은 식민지 상황이 큰 이유였다. 당시 국가가 없던 우리는 일본에 저항하는 공동체적 동질감을 국가에서 찾을 수는 없었고, 어쩔 수 없이 종족에 기댈 수밖에 없었다. 이것이 지금도 우리에게는 민족으로 남아 있다. 이런 연유로 우리의 민족주의는 프랑스식 시민 – 민족주의라기보다는 독일식 종족 – 민족주의에 가깝다. 독일의 나치즘 극복 방향도 사실은 종족 – 민족주의에서 벗어나 시민 – 민족주의로 이동하려는 것이다. 우리가 시민 – 민족주의로 나아가지 못하고 종족 – 민족주의에 계속 머문다면, 히틀러를 무조건 추종하거나 중국 문화혁명 때 홍위병들이 발산했던 것과 비슷한 집단 광기에서 벗어나지 못할 것이다. 정치적 인식의 중심을 서둘러 민족에서 국가로 이동해야 한다. 민족을 중심에 두는 한, 법에 근거하기보다는 감성적 선동에 근거하는 경향을 벗어나기 어렵다.

우리는 친일 문제만 나오면, 2차 세계대전 당시 독일에 점령되었던 프랑스가 국권을 탈환한 후 독일 치하에서 독일에 부역했던 반역자들을 공소시효 없이 끈질기게 추적하고 처단한 것을 모범으로 삼아야 한다고 말한다. 프랑스 – 독일 관계를 한국 – 일본 관계에 바로 대입하지만, 여기에는 좀 더 자세히 살펴봐야 할 문제가 있다. 욕부터 안 하고 자세히 살펴보자고 하니까 어떤 사람들은 벌써 불쾌감이 치밀어 오를 수도 있다. 우리에게는 친일 문제를 아무리 차분하게 보려 해도 그것이 적대적 분노를 표출하려는 것이 아니면 바로 '토착 왜구'로 의심부터 하는 습관이 생겼다. 하지만 나는 다소 불쾌감을 일으키더라도 이제는 좀 이성적으로 살펴야 할 때라고 본다. 그래야 국가나 민족의 미래라는 큰 틀을 고려하지 않고 특정 집단이 이 문제를 정치적으로 독점 이용하는 것을 막을 수 있다. 특정 집단이 이 문제를 정치적으로 독점 이용하는 굴레에 갇히는 한, 극일의 길은 점점 멀어지고, 국가의 효율적 전진은 어려워진다. 나를 친일 매국노로 보지 않기 바란다. 나는 일본을 한 번은 이겨봐야 하겠다는 의지가 매우 강한 사람이다. 올해는 아직 못 갔지만, 몇 년 전부터 일 년에 최소한 한 번은 정한론(征韓論)을 펼친 요시다 쇼인(吉田松陰)의 묘를 찾아간다. 내 의지가 약해지지 않게 하려는 뜻이다. 내 제자에게는 요시다 쇼인을 공부시켰다. 졸저《탁월한 사유의 시선》을 읽은 독자들은 내가 일본에 대한 복수심을 쓴 대목을 기억할 것이다. 최소한 나 정도로 끈질기게 극일의 의지를 다져보지 않았으면, 내게 그저 큰 목소리만 가지고 적개심을 표하지 않기 바란다. 나는 적어도 입으로는 친일 척결을 말하면서, 공식 행사에서까지 일본의 〈독수리 5형제〉 복장을 하는 수준은 아니다.

국가정기에 대한 혼란

프랑스 – 독일 관계는 한국 – 일본 관계보다는 대한민국 – 조선민주주의인민공화국 관계에 더 가깝다. 프랑스와 독일은 연합국과 추축국으로 나뉘어 전쟁했다. 국가와 국가 사이의 전쟁이었다. 독일이 프랑스를 점령하자 샤를 드골(Charles De Gaulle)은 영국으로 건너가 윈스턴 처칠(Winston Churchill)의 도움을 받아 자유 프랑스(La France Libre)를 결성한다. 망명 정부인 셈이다. 소설《어린 왕자(Le Petit Prince)》로 잘 알려진 앙트완 드 생텍쥐페리(Antoine De Saint-Exupéry)도 바로 이 자유 프랑스 비행대 소속 비행 대원이었다. 프랑스 안에서는 레지스탕스가 독일에 저항했다. 연합국의 진격으로 레지스탕스와 자유 프랑스는 독일군을 몰아내고 프랑스를 되찾는다. 프랑스는 국권을 회복한 후 반역자들을 끝까지 추적하여 처형함으로써 프랑스의 정신을 더욱 강하게 세운다. 이때 보통은 별 의식 없이 민족정기를 세웠다고 말하지만, 시민-민족주의를 가진 프랑스가 반역자들을 처형하여 세운 것은 민족정기라기보다는 국가정기다. 국가정기가 바로 국가 정신이나 국가의 정통성이다. 철든 그들에게는 민족정기와 국가정기가 하나지만, 철이 덜 든 우리의 일부 세력은 아직도 민족정기와 국가정기를 일치시키지 못할 뿐만 아니라, 국가정기를 포기하고 종족-민족주의적인 민족정기를 택하려는 중세적 감성을 벗어나지 못하고 있다.

대한민국도 조선민주주의인민공화국의 기습 침략을 받아 전쟁에 돌입한다. 프랑스와 독일이 연합국과 추축국으로 나뉘어 싸웠듯이 우리는 자본주의와 공산주의로 나뉘어 싸웠다. 대한민국은 공산주의 세력의 강공을 받아 부산까지 밀렸지만, 자본주의 연합 세력의 반격으로 서울을 수복했다. 프랑스가 독일에 부역한 반역자들을 처벌한 것을 모범으로 삼아야 한다면, 우리는 인민군 점령 시에 인민군에 부역했던 사람들을 반역자로 규정하고 끝까지 추적 처벌해야 한다. 대한민국을 국민, 영토, 주권 그리고 정부로 구성된 정상적인 국가로 본다면, 이 말이 이상하게 들리지 않아야 한다. 대한민국을 국가로 보지 않는다면 이 말은 이상하게 들릴 수도 있다. 그것은 조선민주주의인민공화국에도 허용되는 일이다. 국군이 평양까지 진격해서 점령하고 있는 동안 국군에 부역한 사람들이 있다면, 인민군은 그들을 반역자로 규정하고 처벌할 것이다. 프랑스를 모델로 삼으려면, 인민군에 부역한 자들을 반역자로 규정하고 처벌하는 것부터 주장해야 한다. 하지만 이것은 대한민국을 정상 국가로 보는 관점이 분명할 때만 가능하다. 대한민국을 정상 국가로 보지 않는 심리와 정서를 가진 사람이라면 큰 혼란에 빠질 것이다. 국가와 민족 사이에서 근대국가의 관점을 분명히 가진 사람은 이해할 것이고, 민족과 국가 사이에서 중심을 잡지 못하고 흔들린 지 오래거나 중심을 잡기 싫은 사람은 매우 불쾌하거나 혼란스러울 것이다. 그 불쾌한 정서를 이겨낼 정도의 지적 사고력이 없으면, 나를 '미친놈'이라 할 수도 있다.

　프랑스가 반역자를 끝까지 추적하여 처벌할 수 있었던 힘은 직접적인 저항을 했던 당사자 세력이 그대로 유지되어 탈환하는 일까지 했기 때문이다. 주권을 잃었던 당사자가 주권을 탈환하여 권력자로 복귀한 것이다. 고작 4년이었다. 4년 동안 프랑스 사람들 가운데는 독일 군인과 사랑에 빠진 여인도 나오고, 독일에 부역한 언론인, 정치인, 학자, 예술가 등이 수없이 나왔다. 고작 4년의 기간이었다.

1919년 4월 상하이 임시정부

대한민국 사람들이 의식적으로 그러는지 무의식적으로 그러는지 분명치는 않지만, 넓게 퍼진 착각 비슷한 것이 있다. 프랑스와 독일이 전쟁으로 주권을 먹었다 빼앗겼다 한 것처럼 한국과 일본도 그랬던 줄 안다. 그랬으면 오죽 좋았겠는가? 또 적어도 그랬어야만 했다. 그렇지만 우리는 그러지 못했다. 반쯤 입을 벌린 상태에서 눈만 껌벅이다가 일본의 속국이 되었다. 대한제국도 일본의 국익에 맞는 큰 그림 위에서 일본의 의도에 따라 세워졌다. 청나라와 조선의 주종 관계를 일본과 조선의 주종 관계로 바꾸려는 일본의 의도가 크게 작용했다. 국가가 무능하면 그 안의 구성원들은 개돼지만큼의 존엄도 갖지 못하는 것이 세상사다. 1910년 8월 29일 경술년 국치일은 법적인 요식행위일 뿐, 훨씬 전부터 우리는 국치의 세월을 견디는 슬픈 백성이었다. 상하이(上海) 임시정부가 1919년 4월에 수립된다. 우리가 일본의 식민지로 전락한 것이 1910년이니, 상하이 임시정부 수립은 식민 속국이 되고 나서 9년 후의 일이다. 자유 프랑스와 상하이 임시정부는 침탈당하는 과정이나 주도권이나 국가 정통성의 계승 문제에서 서로 매우 다르다. 이런 시각을 가진 나를 상하이 임시정부를 가볍게 본다고 비난하지 말기 바란다. 나는 '상하이 임시정부 청사 독립 역사관'과 '일강(一江) 김철(金澈) 선생 기념관'을 가진 함평 사람이다. 식민지가 되고 나서 9년이나 지났는데도 독립의 기상을 잃지 않고 임시정부를 세웠으니 얼마나 위대한가! 내가 이렇게 말하는 이유는 상하이 임시정부를 가볍게 보려 한다는 의심을 사고 싶어서가 아니라, 이 정도로 비통한 삶을 살았던 조상들에 대해서 백 년 뒤의 사람들이 왜 반역자를 프랑스처럼 처벌하지 않았느냐고 따질 때 조금이라도 인간적인 깊이를 가져보자는 것일 뿐이다.

친일파 척결

우리가 가진 착각 비슷한 것이 또 하나 있다. 우리가 우리 힘으로 일본으로부터 해방된 줄 아는 것이다. 미국을 위시한 연합군의 도움이 없었으면, 1945년 8월 15일의 독립도 없었다. 해방은 우리 손으로 우리가 한 것이 아니다. 이 상황은 조선민주주의인민공화국도 똑같다. 프랑스의 해방도 프랑스 단독의 힘만으로 이룬 것은 아니다. 국가의 점령과 해방을 단독으로 한 나라는 아주 오래된 고대 사회 이후에는 거의 없다. 프랑스는 연합국 주축 세력이었으며, 독일을 향한 군사 활동에서 주도적으로 피를 흘리며 해방을 쟁취했다. 국제사회에서 전후 처리의 주도권은 누가 피를 더 많이 자발적으로 흘렸느냐를 가지고 결정한다. 해방 후의 정국 주도권은 우리가 가질 수 없는 상황이었다. 왜? 간단하다. 우리는 주도권을 쥘 만큼 피를 흘리지 못했기 때문이다. 정국 주도권은 미국과 소련에 있었다. 이 상황이 훗날 6·25 전쟁까지 이어진다. 미국을 조국 분단의 철천지원수라고 하기 전에, 먼저 조국 분단의 철천지원수가 바로 세상 물정 모르고 살았던 우리 자신임을 인정해야 한다. 우리가 무지하고 무능해서 스스로 지키지 못한 일임을 먼저 인정해야 한다. 그래야 구차스럽지 않고 당당하다. 그 당시 우리는 강한 국가들끼리 벌이는 놀음을 이겨낼 정도로 강하지 못했다. 일본은 비록 패전국이지만, 강한 국가들과 동등하게 전쟁하다가 패한 나라다. 우리는 그 정도의 역량에 한참 못 미쳤다. 우리가 주도권을 가지고 흘려야 할 만큼의 피를 흘린 다음에 독립을 쟁취했으면, 친일파도 제대로 척결하고 분단도 없었을 것이다.

친일파를 척결하지 못한 것을 대한민국의 문제로만 보면 안 된다. 그때 강대국들끼리 벌이는 국제 질서의 구조를 이겨낼 정도로 우리는 독립적이지 못했다. 북한은 친일파를 척결했는데, 우리만 척결하지 못했다고 말하는 것도 이치상 어불성설이다. 북한의 초대

내각이 친일파들로 가득 채워졌던 것을 우리는 다 알지 않은가? 북한 건국 세력 대부분이 항일 무장 단체 출신이었다고 주장하는 것도 진실이 아니다. 반면, 대한민국 이승만 정부 초기 내각은 대부분 임시정부나 광복군 출신의 독립운동가였다. 나는 어느 쪽이 더 친일파를 제대로 척결했는지를 따지려 하지 않는다. 남한이나 북한이나 외세의 간섭 아래 황망하게 국가를 세우면서 친일 세력을 완전히 척결할 수 있는 독립적 구조를 갖지 못했다는 것이다. 우리가 이룬 해방이 아니니 어쩔 수 없다. 이런 구조를 무시하고 북한은 친일파를 완전히 척결했는데, 대한민국은 친일파를 척결하지 않았다고 먼저 정해놓고 말하면 안 된다. 그리고 그런 슬픈 세월을 산 조상들을 너무 가혹하게 비난하면 안 된다. 어찌 되었건 나라를 갖게 된 것이 어딘가.

일제강점기 35년

착각 비슷한 것이 하나 더 있다. 대한민국을 우리 스스로 세운 것으로 믿는 것이다. 대한민국은 우리가 세운 나라가 아니라, 외부의 도움으로 세워진 나라였다. 우리가 일제강점기에 보였던 자발적인 노력과 헌신을 경시해서 하는 말이 아니다. 국제 정세의 큰 틀에서 보면 그렇다는 뜻이다. 이 나라를 세워준 외세들은 자신들의 의지와 이익을 우리의 그것들보다 훨씬 더 중요하게 생각했을 것이다. 미국도 그랬고, 소련도 그랬다. 혹시 우리가 힘이 강해 다른 나라를 세우는 데 도울 일이 있다면, 우리도 우리가 세워주는 그 나라의 이익이 아니라 최대한 우리의 이익을 고려할 것이다. 이것이 세상사다. 우리에게는 친일 세력 척결이 가장 중요한 일이었을지 몰라도, 소련이나 미국은 그렇지 않았을 수도 있다. 어쩔 수 없는 일이다. 다 우리가 힘이 약해서 벌어진 일이다. 75년 후의 후손들이 조상들을 가혹하게 비판만 하기에는 사정이 간단치 않았다. 친일 척결을 제대로 하지 못한 것은 우리만의 문제도 아니다. 북한도 마찬가지였다. 그것은 당시 정치인들의 정치적 인식이나 정치적 태도보다는 국제 질서가 부과한 이겨내기 힘든 구조에서 비롯한 문제일 가능성이 크다. 어쨌든 우리는 나라를 세웠다. 그것만으로도 가상하다. 나는 이왕 도움을 받아야 하는 초라한 형편에서 소련이 아니라 미국의 도움을 받은 것을 천만다행으로 생각한다. 소련에 의지했다면, 우리는 전체주의적 억압 속에서 자유를 박탈당한 채 가난한 삶을 살았을 것이다. 미국에 의지했기 때문에 더 자유롭고 더 풍요로운 삶을 살 수 있었다. 나는 지금 북한의 삶보다는 대한민국의 삶이 천만 배 더 좋고 자랑스럽다. 북한에 주눅 들 일이 핵무기 말고 무엇이 있는가?

식민지가 되었다가 외세의 도움으로 나라를 되찾을 때는 수없이 복잡한 모순 속에 처할 수밖에 없다. 이 모순을 척결할 능력이 없어서 모순을 품은 채 나라를 세웠다. 모순을 품은 채 나라를 세워야 했던 슬픈 백성들끼리 너무 비난하지 말자. 그것도 정당성을 북한에 주고 자신을 온갖 치욕 덩어리로 전락시키며 스스로 너무 자학하지 말자. 그 시절 당시 모순의 냄새도 맡아본 적이 없는 75년 후의 후손들은 너무 가혹하게 굴지 말자. 너무 맹렬하게 굴지는 말자.

내게는 이런 경험이 있다. 계절도 생각나지 않는 어느 날, 새벽과 아침 사이의 시간에 어머니가 나를 깨우셨다. 초등학교 4학년 정도 됐을 때다. 가서 아버지를 돕는 것이 어떻겠냐는 말씀이었다. 어머니가 이끄는 대로 동네에서 좀 떨어진 개천으로 나갔더니, 아버지는 내가 한 번도 본 적 없는 표정으로 웅크린 채 개를 손질하고 계셨다. 털은 이미 불로 지져서 말끔하게 정리된 상태였다. 생각이 멈추는 충격을 받았으나, 그 충격을 아버지가 알면 괴로워하실까 봐 애써 덤덤한 척하면서 도와드리려 했다. 아버지는 그때 내 손을 툭치면서 가까이 오지 못하게 하셨다. 왜 어린 아들을 데리고 나왔냐고 힐난하듯이 어머니를 보기도 하셨다. 아버지가 손질한 그 개고기로 어머니는 탕을 끓이셨고, 나는 우적우적 몇 날을 먹었다. 아버지는 탕에다 밥을 말아 우적우적 먹는 나를 흡족한 표정으로 물끄러미 바라보곤 하셨다. 이 장면 속에서 나는 평생을 두고 셰익스피어와 톨스토이는 물론이고, 팔만대장경과 성경의 질긴 공격을 받는다. 여기에 (적어도 내게는) 동물 보호나 윤리적 삶이나 환경보호나 아동교육이나 부모의 자세나 하는 것들은 끼어들지 못한다. 아버지에게는 허약한 아이에게 개고기를 먹이면 이롭다는 친구 말만이 종교의 교리처럼 자리 잡았을 뿐이다. 내게는 무표정하게 개를 손질하시던 아버지의 웅크린 자세만 시 수천 편의 무게로 남았다. 지금은 우리 집 누구도 개고기를 먹지 않는다.

조선 말기부터 이미 이 땅의 백성에게는 나라가 없는 것이나 마찬가지였다. 백성의 생명과 재산을 지켜주지 못했다. 국가의 보호를 받지 못한 이 땅의 '열등한' 백성은 '우월한' 일본인 밑에서 식민 백성의 설움을 삼켜야 했다. 이 기간이 아무리 적게 잡아도 35년이다. 4년이 아니라 35년이다. 사람의 한평생을 보통 한 세대라고 하면서 거기에 30년이라는 시간을 배정한다. 세대에 따라 사람들은 세계관이나 시대 의식이 전혀 달라진다. 매우 다른 사람들로 교체되는 계기가 30년을 단위로 이뤄진다는 뜻이다. 35년이라는 시간은 사람을 전혀 다르게 만들어내는 긴 시간이다. 백선엽 장군은 1920년생이고, 박정희 전 대통령은 1917년생이다. 국가 없는 백성으로 태어나, 국가의 보호를 받아본 적도 없고, 국가에 충성하는 법도 배워본 적 없다. 자신의 인생을 독립적으로 결정해야 할 때를 일찍 잡아 열다섯 살이라고 하더라도, 그 나이 때 백선엽은 나라가 없어진 지 25년 후고, 박정희는 28년 후다. 독일의 점령 아래 4년을 보낸 프랑스 사람들과 같을 수는 없는 일이다. 시인 서정주는 자신이 한 친일 행위에 대해 "살기 위해 어쩔 수 없었던 일이다"고 하면서, "해방이 그토록 빨리 올 줄은 몰랐다"고 고백했다. 나는 이 고백을 당시 식민지 백성이 천형처럼 가졌던 불안한 심리를 솔직하게 드러낸 것으로 본다. 이는 정치적이거나 기능적인 신념의 문제가 아니라, 훨씬 더 깊고 복잡한 인간적인 문제다. 물론 천 번 만 번 말해도 부족할 것은 사정이 이러함에도 불구하고 그 상황에서 독립운동을 한 분들이다. 그분들은 인간으로서는 거의 불가능할 정도로 높은 각성에 이르렀다. 이는 아무리 찬미해도 지나치지 않을 것이다. 다만, 다른 사람들은 독립운동을 했는데, 왜 너는 독립운동을 하지 않았느냐, 왜 너는 독립군을 토벌하러 다녔냐고 간단히 묻기에는 우리의 사정이 프랑스처럼 그렇게 단순하지만은 않다는 것이다. 이른 아침 개천가에서 개고기를 손질하던 웅크린 자세의 내 아버지를 동물 보호나 아동교육이나 윤리적 태도 등으로 해석하기에는 그 안에 너무 많은 인간의 문제가 얽혀 있다.

식민지 구조 속에서

2020년 광복절 75주년 경축식에서 김원웅 광복회장이 말한 친일 척결 주장은 매우 근본적이고 강렬하다. 나도 그 정도의 분명함이 있으면 좋겠지만, 나는 갈수록 생각만 많아지고 조심스럽다. 내가 친일 분자나 토착 왜구라서 그럴까? 갈수록 비겁해지고 교활해져서 그럴까? 점점 지적으로 얄팍해져서 그럴까? 나도 미쳐가는 마당이라 알 길이 없다. 서정주 시인이 말했듯이 그의 친일 행각의 출발은 사실 "살기 위해 어쩔 수 없었던 일"이었다는 자기변명에 기초하고 있을 것이다. 서정주가 1915년생이니, 여기다 철이 들 정도의 나이 열다섯 살을 보태면 그도 '살기 위한 일'을 할 나이에는 다른 나라의 식민 백성으로 산 지 20년이나 지난 다음이다. 국가의 사랑을 받아본 기억 속의 4년이 아니라, 국가의 사랑을 받아본 기억도 없던 20년이다. 광복회장도 박정희의 공화당에 '자발적'으로 공채 시험을 봐서 들어갔고, 전두환이 주인 노릇을 하던 민주정의당에서 조직국장을 지내고, '토착 왜구'들이 득실댄다던 한나라당 의원이었다. 그도 '생계' 때문에 어쩔 수 없었다고 한다. 튼튼한 국가의 보호를 받던 사람도 생계 때문에 자발적으로 '토착 왜구' 틈으로 들어갔다. 그랬던 사람이 생계가 해결되고 나자 이제는 친일 인사들의 '파묘'까지 주장할 수 있게 되었다. 국가가 없어진 지 20년이나 지난 시점에서 국가의 보호를 받아본 기억도 없는 한 사람이 살 궁리를 한다면 대체 어떠했을까? 여기에는 친일, 반일의 문제보다 훨씬 더 깊고 복잡하고 존재론적인 '인간의 문제'가 있다. 이미 미친 마당에 단도직입적으로 물어보자. 광복회장과 같은 사람이 식민지가 된 지 20년이나 지난 시점에 있다고 치자. 독립운동의 길을 갔을까, 아니면 친일파의 길을 갔을까? 광복회장과 같은 사람이 독립운동을 하러 집을 나서는 풍경이 정말로 그려지는가? 국가 자체에 대한 기억이 없고 국가의 보호를 받아본 기억도 없이 식민지가 된 지 이미 20년이나 흐른 시점이라면, 그래도 독립운동을 하겠다고 결심은 하지만, 나는 그러지 못했을 가능성도 없지 않다고 고백한다. 아마 공부를 열심히 해서 식민지 구조 속에서나마 더 나은 직업을 찾으려 노력했을 수 있다. 열다섯 살 나이에 철들어보니 식민지가 된 지 20년이나 지났다면, 나는 죽어도 간도 특설대 장교는 되지 않았을 것이라고 단호하게 말하지는 못하겠다. 정말 용서하기 바란다. 나는 노력하여 흥남시청의 농업계장이라도 하려고 했을 것 같다. 혹시 사주팔자가 혼이 빠져 민족의식은 고려하지 않고 관운만 크게 뚫어놓았다면, 창씨개명을 한 후 중추원 참의까지 했을지도 모르겠다. 일본 헌병의 높은 자리를 탐했을지도 모른다. 지금 나는 절대 그렇게 살지 않겠다고 말하지만, 그때도 지금 정도의 민족적 정의감이 충분히 있었을지는 잘 모르겠다. 나보다 공부도 더 잘하고 높은 자리에도 쑥쑥 올라간 광복회장도 '생계' 때문에 이랬다저랬다 하는데, 나같이 심약한 미물이야 더 말해 무엇 하겠는가?

대한민국은 민족적으로 친일 행위를 한 적이 있는 사람들까지도 섞여서 세워졌다. 친일을 다 털지 못한 것은 친일파가 좋아서라기보다는 스스로 반민족 친일을 처단할 구조적인 역량을 가지지 못했고, 우리가 주도권을 움켜쥐고 나라를 세우지 못한 것이 가장 큰 이유다. 자신이 자신의 나라를 세우는 데 주도적인 역량을 갖지 못하면, 외부의 간섭을 완전히 배제할 수 없다. 프랑스가 독일을 물리치고 나서 반역자들을 처단할 수 있었던 것은 영토를 회복하고 주도권을 행사할 역량을 스스로 가지고 있었기 때문이다. 프랑스는 했는데, 우리 조상들은 왜 하지 못했느냐고 가혹할 정도로 밀어붙이기에는 상황이 서로 많이 달랐다. 이런 구조적인 문제는 남한이나 북한 모두 똑같다. 어떤 사람들은 북한이 친일 청산을 잘했다고 입에 침이 마르도록 칭찬하지만, 그들도 초대 내각을 친일파들로 채우고 있지 않은가? 북한은 친일을 청산했고 남한은 청산하지 않았다고 말할 수는 없다. 어느 쪽이 되었건 당시의 구조적인 억압을 이겨낼 힘이 없었을 뿐이다. 지금처럼 친일 청산을 우리만 하지 못한 것으로 보고, 현미경을 들이대서 친일의 물 한 방울까지 씻어내려면 일제강점기부터 시작된 교육, 법률, 도시, 종교, 학문 시스템의 뿌리부터 다 허물어야 한다. 서울역도 파괴해야 한다. 일제강점기 때부터 만들어 사용한 행정 시스템도 다 부수어야 한다. 일제강점기에 만들어진 서울역을 기반으로 해서 세계에서 가장 편리한 KTX 시스템을 운영하고 있다. 나는 서울역을 일제의 잔재로도 보지만, 거기서 우리의 역동과 도약도 본다. 우리는 이 두 가지가 공존할 수밖에 없는 슬픈 역사를 가졌다. 긴 세월이 흘렀다. 도대체 어디가 종착역일까? 종착역에 도달했는가 싶으면, 시발역으로 돌아가 다시 열차를 타야 한단다. 시발역까지 다시 죽어라 돌아가는 중이다.

최진석의 대한민국 읽기

친일의 문제 그리고 대한민국

여기에 사유의 창을 열고 내다봐야만 보이는 문제가 하나 있다. 우리는 친일의 문제를 민족이나 국가 차원에서 객관적으로 다루는 일에 이미 실패하고 있다. 이 주제는 크고 엄중한 것임에도 불구하고, 이미 특정 진영의 정치 어젠다로 전락했다. 한 정치 집단을 친일로 규정하고, 그 규정을 근거로 대한민국의 역사와 정통성을 부정하려 한다는 점에 문제의 심각성과 사악함이 있다. 광복회장은 2018년 12월 8일 향린교회에서 열린 '김정은 위원장님의 서울 방문을 환영하는 위인맞이 환영단 공개 세미나'에서 축사를 했다. 여기서 주제 발표 두 개가 있었는데, 하나는 "김정은 위원장님의 서울 방문을 뜨겁게 환영하는 이유는?"이고, 다른 하나는 "왜 우리는 김정은 위원장님을 위인으로 보게 되었는가?"이다. 광복회장은 축사를 통해 "박근혜를 좋아하는 사람보다는 김정은을 좋아하는 사람이 훨씬 나아 보인다", "박근혜보다는 김정은이 더 낫다"고 발언한다. 이것을 사상의 자유나 통일을 위한 기능적 선택으로 포장하겠지만, 사실은 아무것도 아니다. 자학이거나 자기 비하이거나 지성의 파멸일 뿐이다. 이런 아무것도 아닌 일이 매우 수준 높은 정치 행위인 양 둔갑하여 권력 핵심부나 거기에 가까운 지성인들 사이에서 좌충우돌하고 있다. 이것이 지금 대한민국의 현실이다.

우리는 지식 생산국이었던 적이 없다. 지식 수입국으로 살고 있다. 이제는 지식 생산국 단계로 도약해야 하는 것이 사명이다. 지식 수입국으로 오래 살았다는 것은 사유가 독립적이지 않고 종속적이며 집단적이라는 의미이기도 하다. 지금도 진영 논리에 빠져 사는 이유다. 종속적이고 집단적인 사고에 빠지면, 중국 명나라 때의 사상가 이지(李贄)의 말처럼 앞의 개가 그림자를 보고 짖어대니 그저 따라 짖을 뿐, 왜 그렇게 짖어댔는지 까닭을 물으면 그저 벙어리처럼 아무 말 없이 웃을 뿐이다. 국가의 일을 진영의 논리로 다루니, 국가는 표류할 수밖에 없다. 종속적이고 집단적 사고에 매몰되어 있으면, 어떤 문제를 독립적인 사고 능력으로 집요하게 다루지 못하고 바로 반대편을 선택해버리거나 논리를 임의대로 사용하는 특징을 보인다.

자본주의에서 문제를 발견했으면 거기서 독립적인 사고를 집요하게 펼쳐야 하는데, 그런 사고력이 없으니 바로 공산주의로 넘어가버린다. 박정희에게서 문제가 발견되었으면 박정희를 붙들고 늘어져야 하는데, 붙들고 늘어질 정도의 사고 근력이 없으니 김일성에게로 넘어가버린다. 박근혜가 미우면 바로 김정은을 좋아해버리는 단순성도 같은 이치다. 미국을 비판하다가 중국으로 넘어가는 일도 마찬가지다. 자본주의 비판은 공산주의로의 전향이 아니라 자본주의 수정으로 귀결되어야 하고, 박정희 비판은 김일성 추종이 아니라 박정희 수정으로 진화해야 하는데, 우리는 이런 사고 능력을 갖추지 못했다. 일이 이 지경까지 이르게 된 근본적인 이유는 국가로서 대한민국을 적극적으로 긍정하는 내면을 가지고 있지 않기 때문이다. 대한민국을 적극적으로 긍정하지 않으니, 모든 일을 대한민국 안에서 다루고 해결하지 못하고, 대한민국을 가볍게 지나쳐 버린다. 마침내 반정부와 반국가도 구별하지 못하는 지경에 이른다. 이것도 사상의 자유 문제로 포장하겠지만, 사실은 지성이나 사유 능력이 망가진 것 이하도 이상도 아니다. 대한민국 국민인 내게는 김일성보다는 박정희가 훨씬 낫고, 김정일보다는 이명박이 훨씬 더 낫고, 김정은보다는 박근혜가 훨씬 낫다. 김일성보다는 박정희가 더 위인이고 김정일보다는 김대중이 더 위인이었듯이, 김정은보다는 문재인이 더 위인이어야 하지 않겠는가?

사유가 독립적으로 훈련되지 못하고 종속적이면 집단적 사고를 하거나 논리를 임의로 사용한다. 얼마 전까지, 심지어는 지금까지도 대한민국의 지성계에는 희귀한 논리가 있다. 소위 학문을 연구한다는 학자들까지도 일부는 북한을 대할 때 이 논리를 구사했는데, 이론과 논리가 무엇인지도 모른 채(혹은 감춘 채) 어떻게 학자의 지위를 누리는지 신기할 따름이다. 지금 우리는 논리, 이론, 법 등에 대한 기초 개념도 아직 닦이지 않은 상태인 것이 분명하다.

졸문 '본 것과 믿는 것 사이에서'에 실었던 문단을 그대로 다시 옮긴다.

"한동안 북한에 대한 인식 방법으로 '내재적 접근법'이라는 이론이 상당한 환영을 받으며 유행했다. 지금도 그 흔적이 남아 있다. 내재적 접근법은 북한을 그들이 설명하는 가치와 이념에 따라 있는 그대로 이해하자는 것이다. 북한을 북한의 시각으로 이해해야 한다는 것이다. 그러나 이것은 이론의 대접을 받기에는 턱없이 부족하다. 이론이 가져야 하는 최소한의 미덕은 객관성과 보편성이다. 주관적인 감각을 벗어나야 하며, 어떤 특정한 대상이 아니라 매우 넓은 범위 어디에나 치우침 없이 적용되어야 한다. 하지만 당시에는 북한을 대할 때만 내재적 접근법을 사용했다. 우리 자신, 즉 대한민국을 대할 때는 내재적 접근법을 사용하지 않았다. 우리 스스로에게는 인류 보편의 가치 기준을 적용했다. 북한을 이해할 때는 북한의 특수한 상황을 기반으로 하고, 우리를 이해하려 할 때는 인권, 민주 같은 보편적인 잣대를 들이댔던 것이다. 편파적이거나 임의적으로 사용하는 것은 이론이 아니다. 이론이 아닌 것을 이론처럼 사용하던 그런 시절이 우리에게 있었고, 그것을 변경하지 못하는 지금의 시간도 있다. 이론을 이론으로 다루는 훈련을 전문적으로 받았다는 지식인들도 이 내재적 접근법을 편파적으로 사용하고, 정작 자신의 내재적 상황에는 한없이 자학적이면서도 매우 냉철한 지적 시선을 유지하는 것으로 포장하던 시절이었다."

최진석의 대한민국 읽기

우리는 아직 내재적 접근법을 이론으로 사용하던 습관에서 벗어나지 못했고, 그 허위적 이론에 기댔던 사람들이 지금 정권의 주도 세력이 되어 있다. 한나 아렌트(Hannah Arendt)가 "사유하지 않는 천박함이 모든 악의 근원이다"라고 한 말의 의미 정도는 다 알면서 왜 그러는가?

우리는 민족 개념에 기대 살다가 타력으로 해방이 되고, 내가 주도한 전투로 내 피를 흘려가며 자력으로 국가를 세워본 경험이 없어서 국가가 무엇이고 또 무엇이어야 하는지에 대한 지적 인식이 그렇게 강하지 못하다. 대통령부터 민족과 국가 사이에서 중심을 못 잡고, 자신이 민족의 지도자인지 대한민국 군 통수권자인지 분간을 못 한다. 민족은 정서적이고 감정적이며 상상이 지배하는 하나의 관념이다. 국가는 철저히 법률의 지배를 받는 현실적 구조다. 내가 참여해본 적이 없어서 모르겠지만, 청와대에서 국무회의를 주재하기 위해 대통령이 입장할 때 대통령의 입장을 알리거나 선언하기 위해서는 "대한민국 대통령께서 입장하십니다!"라고 할 것이다. 대한민국이라는 국호를 반드시 붙이는 것으로 안다. 만약 그렇지 않다면 정상 국가가 아니다. 국가(정부) 기관의 이름은 일반명사를 그대로 쓰지 않고 반드시 대한민국이라는 국호를 앞세운다. 역사박물관도 그냥 역사박물관이 아니라 대한민국 역사박물관이다. 재향군인회도 대한민국 재향군인회, 헌법도 대한민국 헌법, 법원도 대한민국 법원, 국회도 대한민국 국회, 육군도 대한민국 육군, 해병대도 대한민국 해병대, 공군도 해군도 다 앞에는 대한민국이 붙는다. 광복회도 대한민국 광복회여야 한다. 홈페이지에 대한민국이라는 국호를 붙이지 않고 있는 기관은 광복회뿐이다. 왜 대한민국 광복회여야 하는가? 간단하다. 한민족이 낸 기부금이 아니라 대한민국 국민이 납부한 세금으로 운영되기 때문이다. 정서적 민족 관념이 법률적 구조를 지배하면 이런 일이 생긴다. 현충원도 대한민국 현충원이다. 김원봉을 아무리 존경하고 좋아하더라도 대한민국에 적대적인 경력이 있으면 국립 현충원에 모시려고 시도하면 안 된다. 이것은 격정적인 정서나 심리로 따질 일이 아니라, 차분하고 이성적인 법률로 따질 일이다. 대한민국의 일은 철저히 대한민국의 일로만 따지는 배타적인 태도가 국가에는 당연하다. 대한민국을 위해 싸웠는지 아니면 대한민국과 싸웠는지를 따지는 것 외에 다른 기준이 끼어들면 안 된다.

국가가 민족 문제를 해결한다

민족정기라는 정서적 관념으로 국가의 정기나 정통성을 흔들려고 하면 안 된다. 국가의 정통성이나 정기로 민족정기를 살릴 수는 있지만, 민족정기로는 국가의 정통성이나 정기를 살릴 수 없다. 이유는 간단하다. 민족에는 군대도 없고 조세 수입도 없지만, 국가에는 군대도 있고 조세 수입도 있기 때문이다. 졸문 '국가란 무엇인가'를 함께 읽어주기 바란다. 거기에도 이런 내용을 담았다. 국가가 민족 문제를 해결하지, 민족이 국가 문제를 해결하는 것은 아니다. 통일도 감정과 정서를 극복한 지적 인식을 바탕으로 해야 비로소 가능해진다. 통일은 국제법과 국내법을 토대로 대한민국과 조선민주주의인민공화국이 해결할 일이지, 민족 감정으로 해결할 수 있는 문제가 아니다. 북한과 남한 중 어디에 더 민족의 정통성이 있는지가 현실적으로 가장 중요한 문제는 아니다. 대한민국의 정통성을 부인하고 싶은 사람들은 북한이 친일을 제대로 청산해서 민족 정통성이 거기에 있다고 말하고 싶을 것이다. 북한은 친일을 청산하고 대한민국은 친일을 청산하지 못했다고 하는 것도 큰 틀에서는 사실이 아니다. 가장 중요한 문제가 아닌 것을 가장 중요하게 다룰 필요는 없다.

지금은 민족정기를 살리는 것이 가장 시급한 일이 아니다. 오히려 국가로서 대한민국의 정기와 정통성을 걱정해야 할 때다. 김원봉을 국립 현충원에 묻으려고 눈치를 살피는 것보다 북한의 천안함 폭침으로 희생된 군인들을 제대로 보살피고 있는지 정성껏 살피는 것이 더 시급하다. 현충일에 천안함 유족들이 초대받지 못하고, 아직도 천안함 침몰이 누구의 소행인지를 대통령에게 물어야 하는 것이 대한민국의 현실이다. 대통령은 민족의 지도자가 아니라 영광스런 대한민국의 군 통수권자임을 다시 분명히 새겨야 할 것이다.

　대한민국은 신생 독립국으로 출발해서 국제 원조로 연명하다가 지금은 원조를 제공하는 나라가 되었다. 국내총생산(GDP) 세계 12위 국가다. 산업화와 민주화를 달성한 나라다. 대한민국은 태어나지 말았어야 할 나라가 아니다. 대한민국의 역사를 왜 치욕의 역사로 보려 하는가? 무엇이 그리 부끄러운가? 이런 성취를 이룬 선배들에게 굴욕감을 주면서까지 얻으려 하는 것은 무엇인가? 축적이 없는 성취는 있을 수 없다. 대한민국의 축적 과정에서 수고를 아끼지 않았던 사람들에게 최소한 자괴감이 들게 하지는 말아야 한다. 슬픈 백성들이었다. 서로에게 너무 가혹하게 굴지 말자.

2부

위험한
정치

나는 촛불을 들고
광화문에 섰다

정치와 말

최초의 근대형 국가는 근대가 태동하기 2000여 년 전에 나타난 중국의 고대 진(秦)나라다. 근대국가에서는 이전에 왕들이 '주관적인 뜻'으로 하던 방식을 포기하고 관리가 '미리 다듬어 공개한 객관적인 말'로 통치한다. 귀족 통치가 행정가 통치로 교체된 것이다. 행정가들은 '미리 다듬어 공개한 객관적인 말'을 근거로 권한을 행사하는데, 그것이 바로 법이다. 법은 말[言]의 한 형태다. 법을 지킨다는 것은 말을 믿고 지킨다는 의미다. 주관적인 뜻을 강압적으로 행사해야 작동되던 나라가 이제는 인간들 사이에 존재하는 자율적 신뢰를 바탕으로 작동되는 나라로 바뀌었다. 진나라는 이런 의미를 국가적으로 구현하려 했다.

　정치의 출현은 사실 말의 출현이다. 기원전 6~7세기, 인간은 전혀 알 도리도 없고 무섭기만 한 신으로부터 벗어나 독립한다. 맹목적인 믿음과 용맹스러움으로 신에 복종하던 인간이 스스로 역사의 책임자로 등장하면서 신을 빼고 인간들끼리 말로 문제를 해결하기 시작했다. 대화의 출현이다. 신으로부터 독립한 인간이 자신을 완성해가는 핵심 장치가 바로 정치다. 정치를 통해서만 세속에서 투쟁하는 인간은 자기 삶의 높이를 꽃으로 피울 수 있다. 말이 엉켜 대화에 실패하면 정치라는 꽃을 피울 수 없다. 대화의 실패는 결국 신뢰의 실패다.

　진나라는 과격한 혁명을 통해 최초의 근대형 국가를 개시한다. 다른 나라들도 시대에 맞는 혁신을 시도했으나 아쉽게도 상앙(商鞅)이라는 통찰력 있는 재상이 없었다. 당시 중국에는 시대에 맞추려는 혁신이 유행이었고, 그들은 그것을 변법(變法)이라고 했다. 상앙도 처음에는 변법을 시행했지만 뜻대로 이루지 못했다. 혁신의 기운이 긍정적으로 확산되지 못하는 원인을 분석하다가 '신뢰'가 없으면 아무것도 안 된다는 것을 알게 된다. 장기간의 실정으로 아무도 국가가 하는 '말'을 믿지 않았던 것이다.

어느 날, 상앙은 도성의 남문에 10미터 정도의 나무 기둥을 세우고 '이 나무 기둥을 북문으로 옮기는 자에게 금 열 냥을 하사한다'는 공고를 붙였다. 신뢰가 무너진 상황에서 나라의 공고는 아무도 믿지 않았다. 상금을 쉰 냥까지 올렸지만 지원하는 사람은 나타나지 않았다. 며칠 후, 혹시나 하고 나무 기둥을 북문으로 옮기는 이가 있었다. 상금 쉰 냥이 즉시 내려졌다. 백성들은 비로소 정부를 믿기 시작했다. 이에 따라 변법이 효율적으로 실시되었고, 진은 부강한 나라로 변모했다. 신뢰를 회복했기 때문이다. 신뢰가 무너지면 나라는 번영하지 못하고 추락한다. 인간사의 신뢰는 대부분 '말'에 대한 신뢰다.

제자 자로(子路)가 공자에게 정치에서 가장 중요한 것을 묻자 공자는 말을 바로 세우는 것이라고 한다. 소위 정명론(正名論)이다. 정치가 잘되려면 말이 사실에 맞아야지 어긋나면 안 된다는 뜻이다. 말과 사실이 어긋나는 것을 거짓이라고 한다. 제자 자공(子貢)이 또 통치의 요체를 물었다. 공자는 경제와 군대와 신뢰라고 말한다. 제자가 셋 가운데 하나만 남기게 질문을 하자 공자는 최종적으로 신뢰를 남긴다. 거짓은 나라를 망친다. 화폐도 사실은 신뢰 장치다. 신뢰가 없으면 화폐가 제대로 유통되지 않아 경제가 죽는다. 신뢰가 없으면 교육이나 행정도 있을 수 없다. 말의 신뢰가 정치의 핵심적인 토대라는 사실은 상앙이나 공자에게만 해당되지 않는다. 현대를 사는 바로 지금의 우리에게도 변함없는 핵심이다. 신뢰의 '신(信)' 자가 사람[人]과 말[言]의 일치로 되어 있는 것에 깊은 함축이 있다. 거짓말하는 사람은 믿을 수 없고, 믿음을 상실한 통치자가 펴는 정책은 효과를 내기 어렵다.

정치는 말로 피우는 꽃이다. 말이 곧 정치다. 좋은 정치에서는 말이 빛나고, 나쁜 정치에서는 말이 천박하다. 나라를 발전시키는 정치에는 우선 미더운 말들이 있다. 나라를 혼란에 빠뜨리는 데서는 거짓말이 난무한다. 정치가 잘되는 나라에서는 정치인들의 말이 교과서에 실리지만, 정치가 길을 잃으면 학생들에게는 정치인들의 말을 되도록 듣지 못하게 하고 싶어진다. 혁명은 정치가 파괴되어 야만으로 돌아간 다음에 새 문법과 새 말을 세워 새로워지는 일이다. 새 말과 새 문법은 신뢰 없이는 서지 못한다. 혁명은 신뢰를 잃은 말을 신뢰 있는 말로 바꾸는 과격한 사건이다. 결국에는 문법의 혁신이고 말의 교체다.

나는 촛불을 들고 광화문에 섰다

촛불혁명은 실패했다. 혁명의 실패는 말의 실패이자 거짓말의 득세다. 나는 촛불을 들고 광화문에 섰었다. 그러나 얼마 지나지 않아 문재인 대통령의 통치가 어떻게 전개될 것인지 알게 해주는 조짐을 읽고 절망했다. 대통령 취임 3개월도 채 안 되었을 2017년 8월 1일, 나는 '문재인 대통령, 고유함이 사라진다'라는 제목의 글을 발표했다. 거짓말은 위선이나 실수와는 차원이 다르게 깊은 것이다. '말의 신뢰'는 인간의 근본과 관련되기 때문에 다른 것보다 훨씬 더 본질적이다. 글의 요지는 대통령이 거짓말을 한다는 것이었다. 문 대통령은 스스로 5대 인사 원칙을 지키겠다고 말해놓고, 처음 인사부터 지키지 않았다. 말은 신뢰이며 근본이기 때문에 거짓말 자체로 끝나지 않고 다른 모든 통치 행위에 끝까지 부정적인 영향을 미친다. 취임사는 국민을 향해서 하는 엄숙한 약속이지만, 다 거짓말이 되었다. 당 대표 시절 만든 혁신안도 결국은 거짓말이 되려 한다. 성범죄를 저질러 직을 잃고 보궐선거가 실시되면 그 지역에 후보를 내지 않는다는 말은 당시 눈가림을 위한 임시변통이었을 뿐이다. 김정은이 가장 두려워하는 대통령이 되겠다고 한 말은 김정은이 가장 깔보는 대통령이 되면서 거짓이 되었다. 거짓말하는 인격은 항상 현상 유지만 하면 된다는 유혹에 빠져 있기 때문에 미래를 열기 어려울 뿐만 아니라 미래를 여는 일에는 별 관심이 없다. 거짓은 그 사람을 그 자리에 머물게 하면서 그 사람이 뒤집으려 했던 과거를 벗어나지 못하고 오히려 닮게 만든다. 문 대통령은 '근혜 산성'과 '명박 산성'을 보며 "대한민국 민주주의, 정부의 반헌법적 경찰 차벽에 가로막혔다"고 질타했지만, 자신의 실력도 '재인 산성' 이상이 못 된다는 것을 자인할 수밖에 없다. 거짓으로는 자신이 부정했던 과거 이상의 실력을 낼 수가 없다. 과거와 닮아가면서 혁명은 실패하고, 거짓을 강변하는 억지만 남는다.

거짓말에 흔들리는 대한민국

인간을 인간으로 지탱해주는 가장 원초적인 힘 가운데 하나가 무엇일까? 염치를 아는 것이다. 거짓말을 하고도 염치가 살아 있다면 즉시 수정하고 다음에는 거짓말을 하지 않겠지만, 염치가 살아 있지 않으면 거짓말을 하고도 상황을 들어 어쩔 수 없었다고 강변하거나 상대방에게 뒤집어씌우고 감추려 한다. 염치가 있다면 최소한 과거에 상대방을 비난하느라 했던 말이 자신에게는 해당되지 않도록 노력할 것이다. 사람들은 당장의 기능적인 작은 이익 때문에 본질을 포기하고 거짓을 범한다. 자기가 한 말은 지키겠다는 최소한의 염치만 있어도 본질을 포기하고 기능을 취하려는 유혹을 이길 수 있다. 지금 정부에서는 '조스트라다무스'니 '추스트라다무스'니 하는 인격들이 생산되고, 오히려 보호받고 있다. '내로남불'도 모두 염치를 상실한 사람들이 하는 일이다.

지금 대한민국의 가장 큰 문제는 거짓말 정도는 아무 일도 아닌 것이 되어버렸거나 염치없는 행위들도 문제가 되지 않고 허용되면서 인간 사회가 가져야 할 최소한의 기풍이 무너진 것이다. 더욱 심각한 것은 집권 세력이 앞장서서 무너뜨리고, 사회적으로 확산되어 버렸다는 점이다. 이것은 가장 근본 소질이기 때문에 한번 무너지면 다시 세우기 쉽지 않다. 권력을 놓치지 않으려고 기본 기풍을 무너뜨리면, 정치 자체가 파괴되어 국가적으로 더 큰 손실을 입는다. 정치를 자기 뜻대로 하려고 기본 기풍을 포기하면, 말의 질서가 파괴되고 신뢰가 무너져서 국가는 서 있기 어렵다. 과학도 정직한 기풍이 있어야만 발전한다. 거짓과 몰염치와 '내로남불'로는 국가가 앞으로 나아갈 수 없다. 혁명이고, 개혁이고, 통일이고 간에 거짓말만 줄여도 문제의 반은 해결된다.

대통령의 고유함

나라다운 나라

인간이 건설하는 문명 세계는 세 층으로 되어 있다. 첫째 층은 구체적이고 현상적이며, 주로 대포, 군함, 휴대전화, 컴퓨터, 자동차 등의 제품들로 구성된다. 한 단계 높은 둘째 층은 공화제, 민주제, 지방분권, 중앙집권, 시장, 학교, 도시 등으로 불리는 제도를 말한다. 셋째 층은 추상적인 형식으로 존재하며, 비전, 문화, 신뢰, 배려, 헌신, 윤리, 철학, 예술, 창의, 말(언어) 등등이 포함된다. 선도나 자유나 독립 등도 여기에 해당한다.

나라를 관리하는 중심적인 관점이 대강 첫째 층에 해당하면 후진국, 둘째 층에 해당하면 중진국, 셋째 층에 해당하면 선진국이다. 삶의 핵심이 어떤 층에 근거를 두느냐가 얼마나 큰 통제력을 갖는지를 결정한다. 이렇게 되면 공자가 그의 제자 자공이 정치의 요체를 물을 때 왜 '신뢰'를 가장 핵심적인 것으로 들었는지 알 수 있다. 신뢰는 셋째 층에 있는 것으로서 가장 중요하고 강하다. 그래서 공자는 말한다. "신뢰가 없으면 나라다운 나라가 되기 어렵다(無信不立)."

불행하게도 온 나라에 "이것이 나라냐?"라는 자조가 팽배하다. 문재인 대통령은 취임사에서 "한 번도 경험하지 못한 나라를 만들겠다"고 열정을 드러내며 "나라를 나라답게 만드는 대통령이 되겠다"고 했다. 문재인 대통령이 말하는 '한 번도 경험하지 못한 나라'가 어떤 나라인지는 잘 모르겠다. 하지만 나는 우리가 경험했던 나라보다는 더 나은 나라여야 한다는 의미로 읽는다.

우리는 후진국도 경험했고 중진국도 경험 중이다. 건국도 경험했고 산업화도 경험했고 민주화도 경험했다. 첫째 층도 경험했고 둘째 층의 상위 단계를 경험 중이다. 이제 우리가 경험해야 할 나라는 중진국 너머의 나라고, 민주화 다음의 나라다. 그렇다면 셋째 층에서 작동하는 나라여야만 한다. 즉, 인문적 단계다. 바로 말과 신뢰가 작동하는 수준이다. 제도를 넘어 사람의 가치가 실현되는 단계다.

새 세계가 열리는 위치다.

　가끔은 실재하는 세계의 현상을 직접 접촉하는 것보다 구조나 맥락을 읽어야 더 효율적일 때가 있다. 구조만 가지고 보자. 문재인 정부는 노무현이라는 과거를 불러들인 정부다. 박근혜 정부가 박정희를 불러들인 것과 모양이 같다. 나 있는 풀을 보면 그 땅이 어떤 땅인지를 알고, 쓰는 사람을 보면 그 지도자가 어떤 사람인 줄을 안다. 박근혜 전 대통령이 김기춘을 비서실장으로 임명하는 순간 그다음에 전개될 형국은 이미 대부분 결정되었다. 문재인 대통령은 임종석을 비서실장으로 쓰는 순간 그다음의 많은 것을 이미 암시한다. 문 대통령은 "구시대의 잘못된 관행과 과감히 결별"하겠다고 했다. 구시대와의 결별은 구조적으로 잘 안 되고 있다. 구시대와의 결별을 박근혜나 이명박과 결별하는 것으로만 인식한다면, '한 번도 경험해보지 못한 나라'는 절대 열리지 않는다.

문재인 대통령, 고유함이 사라진다

　문재인 대통령 스스로 약속했던 인사 5대 원칙도 이미 속절없이 사라졌다. 부동산 투기, 위장 전입, 논문 표절 등을 범한 인사들이 대통령 가까이서 국가 경영의 책임을 맡았다. 구시대에 다 있던 일들이다. 노무현 전 대통령과 함께 한미 자유무역협정(FTA)을 성사

시켜놓고, 노무현 사후에 반대로 돌아섰다. 제주 해군기지 건설을 노무현과 함께 결정했다가 노무현 사후에는 반대했다. 책임지지 않고 반성도 하지 않는 일, 과거의 관행적 폐단이다. 대화와 소통을 그렇게 강조하지만 같은 의견을 가진 사람들하고만 한다. 덩달아 협치도 사라졌다. 원전 폐기를 공론화에 부치면서 공론화위원회를 만들었다. 누가 봐도 '눈 가리고 아웅'이다. 이런 식의 공론화위원회는 결별하고픈 과거에도 숱하게 있었다. 박근혜 정부의 실정이 워낙 커서 거기와만 달라져도 박수를 받을 만한 상황이다. 하지만 그것은 '한 번도 경험해보지 못한 나라'의 격에는 맞지 않는다. 이렇게 하다가 문재인만의 고유함이나 새로움이 사라지고 점점 과거와 닮아가고 있다. 아마 작은 일이 아닐 것이다.

과거와 결별하려면 먼저 내 과거와 결별해야 한다. 적폐 청산도 내 적폐를 우선 청산해야 한다. 내가 한 말을 내가 지키는 모범이 있어야 한다. 그것이 신뢰 회복의 첫걸음이자 나라다운 나라를 세우는 주춧돌이다. 함석헌 선생의 말씀이 생각난다. "혁명이 성공하지 못하는 이유는 혁명하려는 자가 혁명되지 않은 채 혁명하기 때문이다."

몽환적 통치,
당신은 어디에 있는가

자기 확신

동아시아에서 중국 송대의 철학자 주희(朱熹)가 차지하는 비중은 서양 철학에서 임마누엘 칸트(Immanuel Kant)가 차지하는 그것만큼 이나 무게감이 있다. 그의 말이다. "오늘 배우지 아니하고서 내일이 있다고 하지 말며, 올해에 배우지 아니하고 내년이 있다고 하지 말라."(《명심보감(明心寶鑑)》, 〈권학편(勸學篇)〉) 더 나은 내일과 더 발전한 내년을 원하거든 반드시 공부해야 한다. 배우는 것은 지적 활동이다. 미래는 지적 태도를 가진 사람이 연다.

인류 역사에서 가장 철저하게 살다간 사람을 꼽을 때 소크라테

최진석의 대한민국 읽기

스(Socrates)를 빼놓지 않는다. "나는 숨을 쉬는 한, 그리고 지적 능력을 잃지 않는 한, 철학을 가르치고, 사람들을 훈계하고, 만나는 사람들을 위해서 진리를 명료하게 밝히는 일을 결코 멈추지 않을 것이오."《소크라테스의 변명》세상을 진보시키려는 자신의 노력과 지적 능력의 발휘를 일치시켰다. 소크라테스에게 지적인 활동에 반대되는 행위는 이미 흡수한 신념을 자세히 점검하지 않은 채 계속 소유하면서, 자신을 거기에 맹목적으로 맡겨버리는 무책임한 태도다. 이때 소유된 신념이 '스스로 참되다고 확신하는 믿음(true belief)', 즉 자기 확신이다. 이것은 지적 점검을 거친 지식(knowledge)과 구분된다. 중국의 철학자 장자(莊子)는 이것을 '정해진 마음', 즉 '성심(成心)'이라 했다. 장자에 따르면, 제대로 된 공부는 성심을 깨면서 비로소 시작된다. 성심을 깨지 않는 사람에게 미래는 없다.

미래는 점검을 거치지 않은 자기 확신이 아니라 지적인 점검 과정을 통해서만 열린다. 자기 확신은 지적 활동 능력을 현저히 떨어뜨린다. 자기 확신에서 벗어나려는 지적인 노력이 바로 반성이고 점검이다. 그래서 지식을 '점검된 자기 확신(justified true belief)'이라고 하는 것이다. 자기 확신에 빠진 사람은 비이성적이며, 감각이나 감성을 믿고, 과거 지향적이며, 소유한 것을 지키려 하고, 이념으로 현실을 지배하려 하고, 세상을 보고 싶은 대로 보거나 봐야 하는 대로 본다. 지적인 사람은 이성적이며, 논리적이고, 미래 지향적이며,

소유한 것을 바탕으로 해서 그다음으로 넘어가려 하고, 현실에서 이념을 생산하려 하고, 세상을 보이는 대로 보려 한다. 세상을 보고 싶은 대로 보거나 봐야 하는 대로 보는 사람은 보이는 대로 보는 사람에게 항상 진다.

점검하는 습관이 길러지지 않아서 지적 수고를 하려고 하지 않으면 점검하고 생각하는 일을 귀찮아하면서 자기 확신에 빠지는데, 이때는 주로 프레임 씌우기로 날을 보낸다. '종북 좌빨'이나 '토착 왜구'나 친일파나 반일파라고 하는 것들은 다 사유의 정지를 의미한다. 이렇게 되면 세계를 보이는 대로 보지 못하고 봐야 하는 대로 보거나 보고 싶은 대로 보게 되는데, 그렇게 하도록 지배력을 행사하는 것이 바로 이념이다. 현실에서 이념을 생산하는 것이 아니라, 이념으로 현실을 지배하려고 한다. 이때는 어떤 생산적인 효율도 생기지 않고 제자리에 멈춰선 채 시대를 과거에 묶어두기만 한다. 우리는 철저히 과거에 묶였다. 미래 담론은 사라진 지 오래다. 이념가들은 지적인 진보가 멈췄거나 오히려 그것을 차단하는 역할을 한다. 우리나라에 진보 우파나 진보 좌파는 모두 사라지고, 그저 보수 우파와 보수 좌파만 남은 연유다. 이념가들은 저 높은 곳에 이념을 걸어놓고 거기를 향해 과감하게 비상하려다 보니 현실을 구제하려는 사명감보다는 오히려 몽환적인 자기 확신에 빠진다. 몽환적인 감성과 확신 속에 도덕적 우월감이 깃들어 있지만, 이는 헛된 자기기만일 뿐이다. 이런 구조 속에서 '내로남불'이 일상화된다. 염치와 부끄러움도 사라진다.

몽환적 자족감

1894년 청일전쟁에서 승리한 일본이 시모노세키(下関)에서 청나라와 강화조약을 체결하는데, 조약문 제1조가 "조선이 완전한 독립국임을 승인한다"는 것이었다. 청나라 대표인 이홍장(李鴻章)은 이 조약에 "양국 모두 조선의 내정에 간섭하지 않는다"는 내용을 추가하자고 했으나 일본이 거부했다. 1876년 일본이 운요호(雲揚號) 사건을 빌미로 해서 강화도에서 조선과 조일수호조약을 체결하는데, 그 조약의 제1조도 "조선은 자주국으로 일본과 평등한 권리를 가진다"는 것이었다. 청나라와 일본이 자기들끼리 전쟁을 한 다음에 조약을 맺으면서 제1조를 조선의 독립으로 삼았고, 일본이 우위를 점한 채 조선과 맺은 불평등 조약의 제1조도 조선의 독립이었다. 당시 조선은 무능하고 무지했다. 이런 상황에서 1896년 독립협회를 세워 중국 사신을 맞던 영은문을 부수고 독립문을 세웠다. 그즈음 고종은 1896년 2월 11일부터 1897년 2월 20일까지 세자 순종을 데리고 러시아 공사관으로 피신(아관파천)해 있다가 나와 1897년 10월 대한제국을 선포하고 황제 즉위식을 갖는다. 이때 즉위식 행렬은 일본군이 호위했다. 대한제국에서 '제국'은 다른 나라의 속국이 아니라 자주 독립국임을 의미하지만, 자주 독립국의 기상은 찾기 힘들다. 8년 후, 1905년 을사늑약으로 대한제국은 외교권을 박탈당한다. 외교적 주권은 일본이 가져갔다. 그 후 다섯 해가 지나 1910년에 조선은 일본에 합병된다. 나라가 사라졌다. 지금도 우리는 이런저런 '영은문'들을 부수면서 자주와 번영과 독립을 확보한 듯한 심리적이고 몽환적인 자족감에 취해 있다. 자기 확신에 갇혀 몽환의 시절을 다시 보내고 있는 것은 아닌가.

1840년 아편전쟁으로 중국이 영국 등의 서양 세력에 굴복하고, 1853년 일본은 미국에 의해 강제로 개항했다. 중국과 일본은 굴복하고 나서 과감히 과거와 단절하고 새로운 시대적 변화를 받아들이려고 전면적인 쇄신에 나섰다. 쇄신의 주요 내용은 '서양 학습'이었다. 그러나 조선은 무지몽매했으며, 무지가 만든 몽환적 자기 확신으로 서양을 배우기는커녕 오히려 무시하면서 위정척사로 편을 갈라 내부 싸움에만 골몰했을 뿐이다. 내부의 작은 싸움에 갇힌 채, 그것을 세계적인 큰 싸움인 것처럼 착각하는 몽환의 상태였다. 점검되지 않은 자기 확신 때문이다. 이때도 모두 힘을 합치기만 하면 서양을 물리칠 수 있다는 결사 항전의 선동과 결기가 무성하고도 무성했다. 자기 확신에 빠져 선동과 결기만으로 버티다가 결국은 나라를 뺏겼다. 우리는 지금도 위정척사의 세월을 살고 있지 않은가?

몽환적인 통치

자기 확신은 우리 모두에게 해당하지만, 지금은 주도권을 가진 통치 세력의 그것이 더 큰 문제다. 통치 주도 세력의 주요 인물인 문정인은 한국이 처한 상황을 "북한의 '민족 이익'과 미국의 '동맹 이익' 요구 사이에 낀 샌드위치 신세"로 평하면서, 우리의 '국가 이익'을 위해 양쪽 모두에 "쓴소리를 할 수 있어야 한다"고 말했다(《시사IN》 612호). 북한을 '민족 이익'을 수호하는 국가로 여기는 것이 통치 주도 세력의 공통된 인식으로 보인다. 그렇다면 핵무기도 민족 이익 수호 차원의 것이고, 미사일 발사 협박이나 문재인 대통령을 향한 악담이나 조롱도 모두 민족 이익을 수호하려는 목적에서 나온 것이 된다. 그래서 아무 반응도 못 하는지 모르겠다. 전에 발표한 글 '국가란 무엇인가'에서 밝혔듯이 국가와 민족 사이에서 중심을 잡지 못하고 있는, 국가로서의 대한민국에서 북한을 민족 이익을 수호하는 국가로 본다는 것은 민족적 정통성을 북한에 두고 있다는 것으로 읽힌다. 북한 추종의 근거다. 사실, 여기서부터 모든 몽환적인 통치 행위가 비롯된 것으로 보인다. 북한을 민족 이익을 수호하는 국가로 보는 인식을 토대로 하여 우리가 형성한 주변 국가와의 관계를 한마디로 정리하면, '종북굴중혐미반일(從北屈中嫌美反日)'이다. 북한을 추종하여 무조건 이해하고 편을 들며, 중국에 굽신거리고, 미국을 미워하며, 일본을 반대한다. 문제는 추종하여 이해하고 편을 들어주지만, 북한은 계속 위협하고 조롱하며 업신여긴다는 점이다. 뒷골목도 아니고 국가 간에 일어나는 일이다. 어떤 위협과 조롱에도 말 한마디 못 하고, 오히려 선의로 해석하려고 몸이 달았다. 세계 외교사 어디를 봐도 국가 사이에 이런 관계를 형성해서 자존을 지키거나 생존을 담보하거나 실익을 얻었던 예는 없을 것이다. 자존과 생존과 국가적 실익을 포기하더라도 얻을 수 있는 더 중요한 어떤 몽환적 주제가 설정되어 있지 않으면 불가능한 일이다. 이런 태도가 정권에는 의미가 있는지 몰라도 대한민국 국민의 한 사람인 나는 자존감에 큰 상처를 입는다.

고대 중국의 철학자 노자는 통치의 핵심적인 지혜를 간결한 언어로 남겼는데, 이런 대목도 있다. "최상의 통치는 아랫사람들이 통치자가 있다는 것 정도만 의식한다. 그다음 단계에서는 백성들이 통치자에 친밀감을 느끼며 떠받든다. 그다음은 어려워하고 두려워하는 단계다. 마지막 가장 낮은 단계에서는 통치자를 조롱한다."(《도덕경》제17장) 국가 통치의 효율성이나 건강성의 정도를 순서대로 밝혔다. 조롱받는 단계에서 국가는 제대로 운영되지 않는다는 뜻이다. 여기저기서 업신여김을 당하거나 조롱을 당하는 일이 있다면, 문제가 매우 심각하다는 것을 알아야 한다. 조롱으로 끝나지 않기 때문이다. 조롱 다음의 단계는 순서를 매길 수 없을 정도로 파국적인 일일 가능성이 크다. 조롱도 자기 의도에 따라 심리적이고 주관적으로 해소해버리고 나서 이성적이고 논리적으로 살피지 않으면 조롱

다음에 예견된 파국을 막지 못한다. 자기 확신에 빠지면 감각을 믿고 사실을 믿지 않기 때문이다. 심리적 기대를 객관적 사실로 착각하는 것이다.

　지금 이 나라는 자기 확신에 갇힌 몽환적 통치 때문에 '아무나 흔들 수 있는 나라'가 되었다. 독도 주변의 한국방공식별구역(KADIZ)이나 영공에 중국과 러시아 비행기가 멋대로 들락거리고, 일본은 경제를 통해 한국 흔들기에 나섰고(미국이 뒤에서 함께 벌인 일일 수도 있다), 미국은 문재인 대통령 어투까지 흉내 내면서 방위비 증액 등으로 압박을 하고, 한미동맹은 이혼 직전의 부부처럼 불안하다는 평가를 받는다. 북한은 협박과 위협과 조롱에 거침이 없다. 대한민국은 어떤 자신감에 의한 것인지 몰라도 진정한 우방이 없는 나라가 되었다. 이 상황에서 '아무나 흔들 수 없는 나라를 만들겠다'는 구호가 선동이나 결기에 머문 주장이 아닐 수 있을까? '종북굴중혐미반일'의 구도를 유지하면서 '아무나 흔들 수 없는 나라'를 만들 비책은 무엇인가? 일본과 실전이 벌어지고 있는 상황에서 조건문으로 '평화 경제'만 이루어진다면 일본을 이길 수 있다고 주장할 때, 이를 어찌 받아들여야 할지 망연자실할 뿐이다. 모든 경제 지표가 다 악화 일로인데, 대통령은 경제의 기초 체력이 튼튼하다고 한다. 몽환적 자기 확신에 빠져 세상을 보고 싶은 대로 보거나 봐야 하는 대로 보기 때문이다. 보이는 대로 볼 수 있어야 가능한, 정확한 현실

인식이 취약한 것 같다.

반성과 점검이 중요하다

자기 확신에 빠지면 점검 능력과 반성 능력이 현저히 떨어지지만, 최소한의 지적인 능력이라도 있다면 반성하고 점검하는 일을 할 수 있다. 그러면 실수를 하더라도 반복하지 않고, 되도록 빨리 교정도 한다. 반성 능력이 떨어지면 하던 실수를 반복한다. 나라들 사이에서도 침략을 하던 나라가 또 침략을 하고, 침략을 당했던 나라가 다시 침략을 당하는 것을 볼 수 있다. 반성과 점검 능력이 잘 변하지 않기 때문이다. 지금 정권도 바뀌지 않을 가능성이 훨씬 크다. 우리나라 역사에서 임진왜란은 뼈에 새겨야 할 치욕이다. 임진왜란과 같은 치욕을 다시 당하고 싶지 않으면 분노하고 결기만을 보일 것이 아니라 서애(西厓) 유성룡(柳成龍)이 남긴 《징비록(懲毖錄)》부터 읽어야 한다. 이 책에 반드시 새겨야 할 교훈 세 가지가 들어 있다. 첫째, 한 사람이 정세를 잘못 판단하면 천하의 일을 그르칠 수 있다. 둘째, 한 나라의 최고 지도자가 국방을 다룰 줄 모르면 나라를 적에게 넘겨주는 것과 같다. 셋째, 전쟁 같은 큰일이 닥쳤을 때는 반드시 나라를 도와줄 만한 우방이 있어야 한다. 차라리 섬뜩하지 않은가? 당신은 어디에 있는가?

나는 말한다,
좌파와 우파에 대하여

여기저기 다니면서 이런 말 저런 말을 하며 산다. 책을 써도 그 것이 이리저리 돌아다니고, 글을 발표해도 그것이 실린 매체가 이 리저리 돌아다니니 결국은 이리저리 돌아다니는 삶이다. 목적은 단 하나다. 나의 완성과 더불어 내가 살고 있는 공동체(나라)의 독립과 자존도 이루어야 하기 때문이다. '완성'이라고 해놓으면 그 단계가 있기는 한지, 완성이라는 것을 어떻게 알 수 있냐느니, 꿈도 야무지 다느니, 완성을 꿈꾸지 않아야 완성된다느니, 잘난 체한다느니 하 고 말도 많을 것이다. 그냥 죽기 전에, 산다는 것이 나에게는 무엇 이었는지 정도의 자각만 할 수 있어도 그것을 나는 완성이라고 해 버릴 터이니 너무 심각하게 받아들이지 않았으면 좋겠다. 내 깜냥에 열반이니 초월이니 하는 정도의 단어가 어찌 가당키나 하겠는 가. 하지만 보살행이니 지적인 삶이니 실천가적 삶이니 깨달음이니 하는 단어들을 남몰래 말해보기는 한다. 가끔은 미학적 삶, 대장부 의 삶을 떠올려보기도 하다가, 허파에 바람이 단단히 들고, 하룻강 아지 범 무서운 줄 모른다는 말이 떠올라 바로 머리를 흔들어 털어 버린다. 그 정도의 허풍과 소심함 사이에서 이리저리 방황한다. 방 황하는 나를 보며 또 방황한다. "지식인은 자신에게 필요한 것을 찾 는 사람이 아니라 세상이 아파하는 병을 함께 아파하는 사람이다" 는 정도의 말을 짓고 그대로 한번 해보려고 하고, "지식인은 정답을 수행하는 사람이 아니라 문제가 있는 곳에 처하는 사람"이라는 말 도 지어서 그대로 한번 해보려고 할 뿐이다. 그래서 나는 말을 한다.

정치 현실, 옳은 말과 옳은 말의 다툼

말하는 자가 감당해야 할 가장 근본적인 짐은 뭐니 뭐니 해도 그 말이 옳은지의 여부다. 누구든지 자신의 말을 옳은 말로 확신하지 않고서야 어떻게 말을 하겠는가? 전문 사기꾼이라도 스스로 옳은 말을 하는 자로 확신하지 않으면 사기 행각은 성공하기 힘들다. 세 상의 모든 말은 각자에게 다 옳은 말이다. 틀린 말과 옳은 말 사이 의 다툼은 간단하다. 틀린 말은 지고 옳은 말은 이겨야 한다는 당위 를 동반하기 때문에 옳은 말에 힘이 실릴 수밖에 없다. 그렇지만 세상의 거의 모든 다툼은 옳은 말들끼리 벌어진다. 심지어 예수와 율법주의자들의 다툼도 이치는 같다. 예수는 자신이 옳다 하고, 율법주의자들은 자신들이 옳다 했다. 우파는 자신이 옳다 하고, 좌파는 자신이 옳다 한다. 사회주의자는 끝까지 자신이 옳다 하고, 자본주의자는 끝까지 자신이 옳다 한다. 이러하다면, 세상의 거의 모든 다툼은 옳은 말과 옳은 말 사이의 다툼이다. 그래서 세상은 해결되는 일이 없이 언제나 혼란스럽다. 옳은 말과 그른 말 사이의 다툼은 간단한 일이지만, 옳은 말과 옳은 말 사이의 다툼은 해결난망일 수밖에. 옳은 말과 옳은 말 사이에서 벌어지는 다툼은 논쟁과 토론으로는 해결이 안 된다. 우리는 대화로 서로를 설득하여 양쪽이 조금씩 양보하면 된다고 말하지만, 이는 관념에서나 가능하지 실제 세계에서는 없을 일이다. 양보가 실제로 일어났다면, 이는 필시 말로 한 대화의 힘이 아니라 말을 넘어선 어떤 것의 압력에 의한 것이다. 우파나 좌파도 국익만을 생각하고 국민만을 보고 가면 서로 조금씩 양보하면서 포용 못 할 이유가 없다고 말하지만, 그런 일이 정치 현실에는 없다. 나는 적어도 우리나라에서는 본 적이 없다. 그런 아름다운 현상을 목격하는 일은 없을 것이다. 그럼 주도권은 누구에게로 가는가? 그것은 옳고 그름 너머의 다른 어떤 힘을 가진 자에게로 간다. 그래서 주먹이 있고, 정치가 있고, 전쟁이 있다. 주먹도 정치도 전쟁도 옳은 말과 옳은 말 사이의 다툼을 넘어서는 특별한 방식이다. 말만으로는 안 되기 때문이다.

나는 말한다, 좌파와 우파에 대해

예수의 말이 논리와 정당성으로 힘을 얻었을까? 논리라는 것은 대부분 힘을 얻은 후에 그 힘을 정당화하는 역할을 하곤 한다. 예수는 무엇으로 힘을 얻었을까? 말과 전혀 다른 어떤 것인데, 그것은 십자가에 못 박힌 사건이다. 예수가 십자가에 못 박힌 사건을 당하지 않았다면 그의 말은 설득력을 얻기 어려웠을 것이며, 예수를 십자가에 매단 자들이 가진 정당성을 자신에게로 옮겨놓지 못했을 것이다. 일본 막부 말기에 요시다 쇼인이라는 사람이 있었다. 막부는 낡았고 미국을 필두로 한 외세의 침략은 거칠었다. 요시다 쇼인은 막부를 타도하고 왕을 모시는 새로운 체제를 세워야 일본을 구할 수 있을 것이라 판단하고 체제 개혁을 시도한다. 쇼카손주쿠(松下村塾)라는 작은 학교에서 90여 명의 인재를 배양하여 메이지 유신의 실행자들로 키워냈다. 새로운 독립국가로서 일본을 완성하는 정신적 지주 역할을 한 것이다. 그런데 반(反)막부 운동을 하다가 막부 세력에 의해 처형이 되지 않았다면, 요시다 쇼인의 말이 제자들에게 설득력을 가질 수 있었을까? 요시다 쇼인의 말은 말 이상의 어떤 것을 얻어서 힘을 발휘할 수 있었다. 요시다 쇼인에게서는 말 이상의 어떤 것이 바로 처형당한 사건이다. 요시다 쇼인은 스스로 처형당함으로써 처형한 자들이 가지고 있던 정당성을 자신에게로 빼앗아올 수 있었다.

우리나라는 지금 좌파가 주도권을 가졌다. 해방 후부터 권력을 잡으려는 집요한 노력이 완성되었다. 반공 이데올로기로 가해졌던 극심한 탄압을 겪으면서도 좌파가 결국 권력을 잡을 수 있었던 힘은 무엇일까? 좌파의 말은 옳고 우파의 말은 틀렸기 때문일까? 그건 아니다. 좌파는 좌파대로 옳고, 우파는 우파대로 옳다. 나는 좌파가 말 이상의 어떤 것을 가지고 있었기 때문에 서로 옳다고 하면서 버티는 쓰잘머리 없는 긴장을 돌파했다고 본다. 말 이상의 어떤 것이 예수에게서는 십자가에 못 박힌 일이고, 요시다 쇼인에게서는 막부로부터 당한 처형이다. 좌파가 가진 말 이상의 어떤 것은 무엇인가. 그것은 예수가 십자가에 못 박힌 일이나 요시다 쇼인이 처형당한 일에서 조직되는 것과 비슷한 어떤 흡인력인데, 그것을 매력이라 하자. 우파에게는 매력이 없다. 좌파는 이런 매력을 가졌기 때문에 힘의 중심축이 좌파 쪽으로 이동했다.

삶은 정치 영역에서 종합적으로 노출된다. 정치는 말이다. 그런데 말이란 것이 말을 넘어서는 어떤 것에 의하지 않으면 설득력이 없다. 말은 말 아닌 것을 영양제로 해서 산다. 말을 넘어서는 어떤 것으로 말을 압도해야만 매력이 만들어진다. 일찍이 그리스 사람들은 그것을 티메(TIME)라고 했다. 어떤 사람이 스스로 자신에게 부여한 소명을 장기간 수행하여 탁월함에 이르면 공동체는 그에게 존경이라는 선물을 준다. 지도자가 발휘하는 힘은 공동체가 주는 이 존경에 의지한다. 말이 아니다. 존경을 받는 사람이 발휘하는 흡인력을 매력이라고 하지 않겠는가. 지도자가 되고 싶은 사람은 이 티메에 관심을 가지면 이로울 것이다. 지도자는 말 이상의 어떤 것을 가져야 한다.

좌파는 자신들에게 스스로 부여한 소명을 장기간 수행했다. 반독재 투쟁을 오래 했으며, 통일운동을 오래 했으며, 노동운동을 오래 했으며, 환경운동을 오래 했으며, 인권운동을 오래 했으며, 빈민운동을 오래 했으며, 참교육 운동을 오래 했으며, 민주화 투쟁을 오래 했다. 그들이 오래 붙들고 늘어졌던 반독재, 통일, 노동, 환경, 인권, 빈민, 참교육, 민주화 같은 주제가 말은 좋지만 실제로는 엉터리라느니, 반정부 활동 하다가 결국은 반국가로 빠져버렸다느니, 이제는 완장으로 전락했다느니, '내로남불'의 전형이라느니 하는 비판들은 정치 영역에서 설득력의 확보라는 면에서 말한다면 아무 의미가 없다. 그들은 어쨌든 그 주제를 가지고 청춘부터 말년까지 불사른 투신의 역사를 가졌다. 어떤 문제를 붙잡고 그것을 해결하는 일을 자신의 과업으로 삼고, 그 과업을 위해 목숨을 걸어봤다. 예수의 십자가나 요시다 쇼인의 처형과 유사한 것을 자기 자신의 운명으로 삼아본 경험이 있다. 게다가 없는 돈에서라도 이런 과업을 위해 스스로 호주머니를 턴 사람들이다. 후속 세대를 기르기 위해 야학을 했으며, 야학을 위해 자신의 부귀와 출세를 포기해봤다. 자신이 스스로 정한 소명에 자신을 전부 바치고 게다가 목숨까지 걸어본 인간에게 어찌 매력이 없겠는가? 이 과정에서 발각된 인격적 결함들이 가끔 폭로되기도 하지만, 그들이 만들어낸 매력을 뿌리부터 흔들 정도까지는 아니다. 좌파는 말 이상의 어떤 것을 가졌다.

우파는 이런 매력을 건축하는 데 실패했다. 건국(정부 수립)과 산업화 과정에서 건축했던 매력은 이미 '약발'이 다했다. 우파가 권력을 빼앗긴 것도 한마디로 말하면 산업화 이후까지 지속될 매력을 갖지 못했기 때문이다. 매력을 가지려면 우선 자신이 해야 할 일부터 해야 한다. 우파는 보편적인 이념보다는 국가의 이익을 앞세운다. 그래서 우파에게는 국가에 대한 충성심이 필수다. 국가에 대한 충성심은 국방과 납세로 실현된다. 우파는 반드시 군대를 가야 하고 세금을 잘 내야 한다. 국방과 납세가 어찌 우파만이 해야 할 일이겠는가? 좌파에게도 당연한 일인 것은 맞다. 우파에게는 이 두 가지를 당연하게 여기는 정서적이고 심리적인 감수 능력이 좌파보다는 훨씬 더 강해야 한다. 이 두 가지를 자신의 정치적 근거로 삼아야 한다. 군대를 기피했거나 납세를 회피한 적이 있는 사람들이 우파에 많이 있다면 이는 '입우파'일 뿐이다. 군대를 기피하고 세금을 회피한 사람들이 좌파에도 많다고 항변할 수 있다. 하지만 이 항변으로 자신들을 정당화하려 한다는 것 자체가 더 문제일 뿐이다. 국방과 납세 방면에 문제가 있는 사람들이 우파 진영에 있다면, 이는 이런 사람들이 좌파 진영에 있는 것보다 훨씬 더 큰 문제다. 좌파에 비해 우파는 돈이 많다. 좌파들은 좌파 이념의 확장을 위해 없는 돈에서라도 조금이나마 헐어 바치지만, 우파는 자신의 이념 확장을 위해 지갑을 열지는 않는다. 계급의식 자체가 매우 약하기 때문에 정치의식 또한 약하다. 당연히 우파 이념을 확장해야 한다는 의식 자체가 없다. 후속 인재를 양성하고자 야학이라도 하는 좌파에 비해 우파는 어떤 일도 하지 않는다. 공적 헌신보다는 이기심과 탐욕으로 더 뭉쳐 있다. 게다가 좌파가 옳지 않다는 것만을 계속 지적할 뿐이다. 좌파가 얼마나 나쁜지, 얼마나 국력을 약화시키는지에 대해 말만 하고, 말 이상의 어떤 것을 시도하지 않는 한 좌파를 이길 수 없다.

전체적으로 보면, 우파는 매력을 발산하기 어려운 태도를 가지고 있다. 2020년, 우파 진영에서 벌이고 있는 공천 파동이나 선거 전략이나 인재 등용을 보면 권력을 빼앗기고 와신상담을 한 집단이라는 것을 전혀 느낄 수 없다. 참 한가하다. 매력을 건축하려는 파괴적 혁신이라고는 찾아볼 수 없다. 좌파를 비판하는 것 말고 자신에게만 있는, 적극적인 무엇을 가졌는지 알기 어려운 곳에는 사람의 시선은 고사하고 파리조차 모이지 않을 것이다. 사실 좌파의 매력도 약발은 이미 다했다. 약발이 다한 매력을 살리려고 하니 억지스럽고 염치없는 행동이 난무한다. 이제는 염치고 뭐고 아예 없다. 거짓말도 대놓고 하고, 억지스럽고 앞뒤가 뒤집힌 논리를 구사하면서 부끄러움도 없다. 우리의 비극은 매력을 상실한 두 세력의 매력 없는 충돌에 하릴없이 운명을 맡겨둘 수밖에 없다는 것이다.

많은 강의와 교육 일선에서 겪은 경험으로 볼 때 말만으로 교육 효과를 얻는 것은 매우 제한적이다. 말 이상의 것이 요청된다. 그것은 인격적 감화력이나 정서적 친밀감으로도 나타난다. 사명감을 공유하는 연대 의식도 좋은 장치다. 어떤 것도 고정된 마음이나 정해진 마음을 흔들 수 있어야 한다. 그것은 말을 넘어선, 말 아닌 어떤 것으로만 가능하다. 우파, 좌파 걱정할 여유가 없다. 우선 당장 내가 급하다. 나의 십자가는 무엇일까? 나의 처형장은 어디일까?

곰곰이 생각하는 사람의 등장

〈광주일보〉를 붓 머리로 하여 〈전북일보〉, 〈경인일보〉, 〈매일신문〉 등에 졸문 '국가란 무엇인가'를 발표하고 나서 많은 지지와 격려를 받았다. 그러나 비난도 없지 않았다. 비난을 받을 때 마음이 아프기도 하고 잠깐이나마 의기소침하기도 했지만, 그렇다고 하여 그것이 있어서는 안 되는 일이었던 것은 전혀 아니다. 오히려 당연한 일이다. 생각은 사람의 수만큼이나 많을 수밖에 없다. 사람의 수만큼이나 많아야 할 생각이 개수가 준 나머지 몇 개의 생각으로 뭉쳐서 활력을 잃는 것이 더 위험하다. 문제는 지지나 비난이 어느 높이에서 일어나는지가 중요하다. 지지가 되었건 비난이 되었건, 곰곰이 생각하고 하는 것과 그러지 않고 감(감각과 감성)으로만 하는 것은 매우 다르다. 생각을 해야 도달할 수 있는 단계가 있다. 거기서는 지적 개방성이 최소한이나마 작동한다. 이리하여 싸움판 같은 논쟁이라도, 그것이 끝나는 곳에는 협치도 자라나고 합의도 피어나서 사회를 앞으로 미는 전진의 기운이 생겨난다. 최소한의 지적 개방성도 보장되지 않은 정도의 수준에서라면, 논쟁은 그저 비난전에 불과하다. 여기서는 한 치의 전진도 없다. 그저 제자리를 뱅뱅 돌거나 과거로 퇴행한다. 내가 보는 현재의 대한민국은 불행하게도 감각과 감성의 작동 기제에 갇혀 최소한의 지적 개방성도 허용되지 않는 매우 극단적인 양분 상태다. 한 나라 두 국민이 된 지 이미 오래다. 어느 쪽에서나 '내로남불'을 대놓고 하고 얼굴색도 바뀌지 않는다. 상대방을 비난하는 일에는 마치 활시위를 당기듯이 결사적이다.

객관적인 대화를 하지 못하는 병

이제는 논쟁에 휘말리지 않는 것이 차라리 장수하는 비결이 될 지경이다. 우리나라에서는 어떤 주장을 객관적으로 들어주는 경우가 아주 귀하다. 대개는 그 주장을 들으면서 우선 자기 마음에 드는지 안 드는지를 결정하고, 거기서 출발한다. '마음'이 과학과 논리를 앞선다. 마음에 들면 마음에 들게 논리를 만들고, 마음에 들지 않으면 마음에 들지 않게 논리를 만든다. 그러니 개념의 적용 범위를 무시하거나 억지스럽거나 논리적이지 않거나 인신공격을 하거나 프레임을 쉽게 씌운다. 국가주의니 획일주의니 패권주의니 하는 '주의'에 쉽게 갇힌다. 가치가 개입될 여지가 많은 철학이나 정치나 종교의 영역에서는 더욱 심하다. 지적인 훈련이 되어 있으면 논리로 감각을 지배하지만, 지적인 훈련이 되어 있지 않으면 감각에 논리를 복종시킨다. 감각에 논리를 복종시킨다는 말은 논리를 편의대로 만든다는 말이다.

특히 우리나라는 정치적 주장에서 이런 경향이 매우 심하게 고착되어 있기 때문에 사실 지적 독립성을 훈련받지 못한 사람들은 정치의 늪을 피하지 못한다. 고도로 지적 훈련을 받은 증명서를 가진 지식인들이라고 해서 크게 다른 것도 아니다. 그래서 정치가 모든 지적 활력을 다 빨아들인 후 소진시켜버리는 블랙홀로 기능한다. 정치라는 블랙홀의 흡인력에 얼마나 저항할 수 있느냐가 얼마나 높은 강도로 지적 훈련을 받았는지를 증명할 것이다. 이것은 지식인이 정치를 하면 안 된다는 말이 아니다. 지적 훈련을 받은 사람답게 정치를 해야 한다는 뜻이다. 감각과 감성을 이겨내라는 뜻이다. 상황이 이러하기 때문에 우리 모두는 지금 감성이 배제된(완벽한 배제란 인간에게 불가능하다는 것을 모르고 하는 말이 아니다) 객관적인 대화를 하지 못하는 병을 앓고 있다. 남북 관계에서나 한일 관계에서나 건강한 논쟁을 할 토양은 사라졌다. 논쟁을 통해 무슨 조그마한 소득이나마 산출할 토양이 아닌 것이다. 근본적인 면에서는 경제지표가 하락하는 것보다도 훨씬 더 큰 문제다. 극단적인 이전투구 판에 있으면서도 죽기 전에 바늘 끝만 한 아름다움이나마 거두고 싶은 욕망이 남아 있다면 이 정도까지 천박하지는 않을 것이다. 이렇게 되어버린 내 나라가 나는 너무 슬프고 무섭다.

곰곰이 생각하는 지적 태도

앞에서 지적 훈련이라는 말을 듣고 불쾌하게 여기는 사람도 있을 것이다. 학벌 좋고 가방끈이 긴 사람들끼리 하는 말로 오해할 수도 있다. 그러나 그건 아니다. 지적 태도라는 것은 인간이 세계와 관계하는 가장 효율적인 한 방식일 뿐이다. 세계를 지적으로 다루는 사람은 세상을 더 넓고 깊게 접촉한다. 좁고 얕게 접촉하는 사람은 넓고 깊게 접촉하는 사람을 이기지 못한다. 피상적인 수준에서 이기고 지는 승부를 말하는 것이 아니라 가치와 의미까지 포함하여 모든 것을 종합한 인생 전체에서의 승리 여부를 말한다. 지구는 평평한가, 둥근가? 배운 것을 즉각적으로 내뱉으며 둥글다고 아주 쉽게 말하지만, 조금이라도 생각이 있는 사람이라면 경험하지도 않은 것을 자신 있게 말하기란 적잖이 조심스럽다. 지구가 둥글다는 것은 전혀 경험되지 않는다. 감각과 본능으로 보면 지구는 평평하기만 하다. 가만히 생각하고 자세히 따져봐야 둥글다. 지적이라는 것은 지식의 양을 말하는 것이 아니다. 가만히 생각하고 자세히 따져보는 능력을 발휘하는지의 여부다. 지구를 평평한 것으로 아는 사람이 세계를 접촉하는 범위는 좁고 얕을 수밖에 없다. 가만히 생각하고 곰곰이 따져봐서 지구를 둥근 것으로 이해하는 사람은 세계를 넓고 깊게 접촉한다. 삶의 효율성이 누구에게 더 있을지는 길게 말할 필요 없다.

이렇게 보면, 지적 태도는 우선 감각과 본능을 극복하는 태도다. 감각과 본능을 극복한다는 말은 감각과 본능을 소멸시키거나 제거한다는 뜻이 아니라 곰곰이 생각하는 지적 능력으로 감각과 본능을 정련시킨다는 말이다. 지적이면 가만히 생각하고 곰곰이 따지면서 반응하기 때문에 덜 감성적이고, 지적이지 않으면 생각을 하지 않고 즉각적으로 반응하기 때문에 정련되지 않은 감각이 그대로 튀어나와 훨씬 더 감각적이며 감성적이다. 지적이면 생각을 하고, 지적이지 않으면 생각을 하지 않는다. 학력이 아무리 높아도 지식의 양만 넘쳐나고 곰곰이 따지는 능력이 배양되어 있지 않다면, 지적이라고 말할 수 없다. 그 대신 학력이 낮거나 지식의 양이 적더라도 곰곰이 생각할 줄 알면 지적인 사람이다. 이것은 세계와 반응하는 기술이자 태도다.

곰곰이 생각할 줄 알면 세계를 이해하고 관리하고 통제하는 능력이 커지는데 인간은 왜 곰곰이 생각하지 않은가? 생각이라는 것은 하나의 정신적인 수고다. 힘이 든다. 감각과 감성은 정신적인 수고를 할 필요가 없다. 그냥 자극에 맡겨 본능에 즉각적으로 반응하면 된다. 특정한 이념에 갇혀도 인간은 생각하는 능력이 떨어진다. 그 이념만 기준으로 사용하면 되기 때문에 생각할 필요가 없다. 이념가들이 더 감성적인 이유다. 분명한 것은, 이념이란 미래가 아니라 과거라는 점이다. 이념을 굳건하게 소유하면 진실하고 헌신적으로 보일 수는 있지만, 생각하는 능력이 떨어져서 과거를 지키거나 거기에 자발적으로 갇힌다는 문제가 있다. '이념적이다', '과거에 갇혔다', '생각이 없다', '감성적이다'라는 표현들은 서로 매우 가깝다. 이런 사람들이 만일 권력을 갖게 되면 쉽게 자기 확신에 빠진다. 자기 확신에 빠져, 자기가 만든 진실에 자기가 도취되어 역사에 철저한 태도로 헌신한다는 느낌을 스스로 제조한다. 그래서 현실을 보지 않고 자기 이념을 본다. 현실에서 이념을 생산하는 수고를 하지 못하고, 이념으로(그것이 낡은 이념임에도 불구하고) 현실을 제어하려는 무모함을 행한다. 봐야 하는 대로가 아니라 보이는 대로 보는 승리의 길을 포기하고 '자아도취에 빠져 몽환적 정치'를 하게 되는 노정은 이와 같다. 일상과 현실이 아무리 피폐해져도 오히려 그 피폐함을 진실에 접근하는 통로로 간주한다. 곰곰이 생각할 줄 아느냐, 모르느냐 하는 점은 이렇게 중요하다. 감각과 감성에 의존하는 태도를 갖느냐, 지적인 태도를 갖느냐 하는 점은 이렇게 크나큰 차이를 만든다.

우리의 근대 역사에는 동학혁명이라는 불꽃같은 기록이 있다. 우리는 동학의 정신을 잘 살피고 더욱 계발해야 한다. 동학도 없었으면, 우리는 정말 아무것도 아닐 수 있었다. 여기서 우선 김태유 교수의 "패권의 비밀: 4차 산업혁명 시대, 부국의 길"이라는 제목을 단 유튜브 영상을 소개해야겠다. 모두 꼭 한번 보기 바란다. 김태유 교수에 따르면, 동학 농민군이 일본군에 의해 3만 명 사살될 때 일본군은 한 명 죽는다. 엄청난 격차다. 무기가 달랐다. 일본군은 전설의 소총인 스나이더 소총을 자신들의 신체에 맞게 개선한 무라타(村田) 소총을 썼고, 우리는 여전히 화승총을 들었다. 무라타 소총은 엎드린 자세에서 장전하며 1분 동안 15발을 쏠 수 있었고 사거리는 800미터였다. 반면 화승총은 2분이나 3분 동안 선 채로 한 발을 장전하여 쏠 수 있었고 사거리는 120미터였다. 이런 화승총에 죽창을 곁들인 무력으로는 아무리 큰 결기로 뭉쳤다 하더라도 무라타 소총을 든 적을 이길 수 없다. 결국 산업화의 결과가 전쟁의 승패를 좌우하고 국가의 운명을 좌우한다는 것이다. 무라타 소총과 화승총의 차이는 산업화의 차이를 상징한다. 그럼 왜 누구는 산업화에 성공하고 누구는 산업화에 성공하지 못하는가?

그것은 세계에 반응하는 '태도'가 좌우한다. 무엇을 제작한다거나 개선한다는 것은 이미 있는 것을 그대로 소지하는 태도가 아니라 불편함과 문제를 느껴서 그다음을 알려고 하거나 설명하려고 하는 강력한 의지가 발현된 것이다. 이미 있는 것을 그대로 소지하는 태도를 가지면, 곰곰이 생각할 필요를 느끼지 못해서 주로 감각과 본능이나 감성을 표하는 것으로 자기 태도의 대부분을 채운다. 반면에 그다음을 곰곰이 생각하는 태도를 가지면, 불편이나 문제를 발견한 후 그것을 붙들고 늘어지는 수고를 스스로 감당한다. 이것이 지적인 태도다. 스나이더 소총을 무라타 소총으로 개선했다는 것은 일단 감각과 본능을 극복하여 지적인 태도로 문제를 대했음을 알 수 있다. 있던 화승총을 별 개선 없이 계속 썼다는 것은 곰곰이 생각하는 지적인 태도로 세상을 대하지 못했음을 뜻한다. 곰곰이 생각하는 지적인 태도를 우리보다 먼저 혹은 더 철저히 발휘했던 일본은 우리보다 더 인간적으로 살았고, 상대적으로 그러지 못했던 우리는 우리의 '인간성'을 그들에게 짓밟히는 치욕을 당했다. 이런 의미에서 헤르만 헤세(Hermann Hesse)도 《데미안(Demian)》에서 이렇게 말했는지 모른다. "세계를 그냥 자기 속에 지니고 있느냐 아니면 그것을 알기도 하느냐, 이게 큰 차이지. 그러나 이런 인식의 첫 불꽃이 희미하게 밝혀질 때, 그때 그는 인간이 되지." 알려고 하는 태도는 머무르려는 것이 아니라 다음을 향한 욕망이다. 그것이 바로 지적인 태도다. 인간을 인간답게 해주는 근본적인 힘이다. 알려고 하면(곰곰이 생각하면) 인간의 주체성을 지키며 살 것이고, 알려고 하지 않으면(곰곰이 생각하지 않으면) 그것을 지키지 못할 것이다.

동학혁명이 일어나기 20여 년 전, 지금 일본의 기초를 세우는 데 큰 공헌을 한 후쿠자와 유키치(福澤諭吉)는 여러 저술을 통해 일본을 근대화의 길로 나아가도록 한다. 그의 성공은 바로 우리의 고통이었다. "네이버 열린 연단"에서 한 미야지마 히로시(宮嶋博史) 교수의 강연에 따르면, 1872년에서 1876년 사이에 후쿠자와 유키치가 출간한 《학문의 권장(學文のすめ)》이라는 계몽서가 300만 부나 팔렸다. 당시 일본의 인구가 3,500만 명이었음을 감안한다면, 조금 과장하여 당시 일본인 열 명 가운데 한 명은 이 책을 읽었다고 할 수 있다. 후쿠자와 유키치가 우리에게 어떤 사람이었는지 하는 평가는 뒤로하고, 그의 시대에 그가 300만의 독서 인구를 가졌다는 사실이 부럽고 놀라울 따름이다. 독서는 곰곰이 생각하는 훈련이 아주 잘된 사람들이 남긴 결과(그것이 책이다)를 접촉하여 자신도 곰곰이 생각하는 능력을 갖게 되는 가장 아름다운 방법이다. 우리는 무라타 소총과 300만 독서 인구의 존재가 같은 것임을 이해해야 한다. 300만 독서 인구와 후쿠자와 유키치는 따로 존재하는 두 개가 아니라 하나다. 300만 독서 인구를 가진 당시 일본 사회가 후쿠자와 유키치의 토양이다.

곰곰이 생각하는 사람

우리가 일본에 패배한 적이 있다면, 그것은 근본적인 의미에서 곰곰이 생각하는 능력의 차이 때문이었다. 곰곰이 생각해야 지식이 나오고, 또 거기서 산업이 나오고, 국력이 커지는 이치 때문이다. 우리에게는 곰곰이 생각하는 지루한 수고를 기꺼이 감당하는 미덕이 사라졌다고 해도 될 정도로 많이 줄어들었다. 그 대신 요즘은 생각하는 수고를 포기한 감성의 배설과 감각적 판단이 난무한다. 이미 소지한 각자의 신념을 지키는 일로만 세월을 보낸 지 이미 수십 년이다. 이제는 프레임 씌우기가 더 자연스러워져버렸다. '빨갱이'라는 프레임 씌우기로 고통받은 적이 있던 사람들은 위치가 바뀌자 친일파라는 프레임을 씌우기에 바쁘다. 이런 토양에서 건설적인 정치와 외교와 정책이 실현되기는 불가능하다. 척박한 땅에서는 거친 풀이 자란다. 더 나은 세상을 꿈꾼다면 더 나은 사람이 되는 수밖에 없다. 지금 우리에게 더 나은 사람이란 곰곰이 생각하는 사람이다. 감각과 감성보다는 숙고와 사실에 기대는 사람이다.

우리는 왜
과거에 갇히는가

우리는 왜 과거에 갇히는가? 실력이 과거를 어루만지는 것 이상을 할 정도가 아니기 때문이다. 그런데 과거에 갇히면 망하고, 미래로 나아가면 흥한다. 과거에 갇힌 사람이나 사회는 멈춰 서고, 미래를 여는 사람들은 그냥 앞으로 나아간다. 스스로 똑똑하다고 생각하는 사람들 가운데 과거가 제대로 정리되지 않고 어떻게 미래가 열릴 수 있느냐고 말하는 사람들이 있지만, 이렇게 생각하는 사람들은 대개 평생을 과거만 정리하다가 보낼 가능성이 클 뿐만 아니라 사실은 미래를 열 생각도 없다.

과거로 미래의 발목을 잡느냐, 미래를 위해 과거를 연료로 사용하느냐 하는 태도는 매우 다르다. 몸 자체가 과거로 기울어진 상태에서 말하는 미래는 다 입에 발린 말이고 허구다. 매우 드물겠지만, 어떤 이치로 그러냐고 묻는 사람도 있을 것이다. 사실, 이 정도의 말은 가장 당연한 말 가운데 하나여서 증명할 필요가 없다. 그래도 서운해하는 사람들이 있을까 해서 아주 간단하게라도 한마디 붙인다면, 세계가 변하기 때문이다. 변하는 세계에 맞추면 흥하고, 거기에 못 맞추면 망한다. 변화에 맞추려면 흐름을 따라 나아가야 하고, 변화에 맞출 능력이 없거나 그것이 싫으면 그냥 멈춰 있는 수밖에 없다. 맞춰야 할 세계는 실재이자 현실이자 실질이다. 세계에 맞추지 않는 사람들은 대개 자기가 가지고 있는 틀을 고집하는데, 그것은 명분의 범위 안에 든다. 명분에 집착한다는 말은 과거 지향적이라는 뜻이다. 실질을 소중하게 다뤄야 미래 지향적인 것은 당연하다.

우리는 명분과 과거에 묶여 있다. 왜 이렇게 되었을까? 우리가 소유하고 있는 문명의 단계가 아직 종속적이라는 것이 근본적인 원인일 수 있다. 우리 삶을 채우고 있는 물건과 제도 가운데 우리가 만들기 시작한 것은 거의 없다. 다른 문화권에서 만들기 시작한 것을 들여와서 쓰고 있다. 총체적으로 말했을 때, 우리는 지식 생산국이 아니라 지식 수입국이다. 지식은 인간이 세계를 이해하고 관리하고 통제하기 위해서 만든 가장 고효율의 추상 장치다.

지식을 수입한다는 말은 세계에 반응하는 체계적 방식 자체를 수입한다는 말이 된다. 지식 생산의 모습은 책에 나오는 원리나 공식 등의 지적 체계로만 드러나는 것은 아니다. 이 세계에 등장하는 새로운 사태에 대한 개념화, 예를 들면 '워라밸', '오타쿠', '4차 산업혁명', 'X세대', 'Z세대', '소확행' 등도 지적 생산력의 표현들이다.

물건의 창의적 제작 과정도 이와 다르지 않다. 제도를 최초로 출현시키는 일도 이와 같다. 우리는 세종대왕의 한글 창제 이후에는 이런 일을 해본 적이 없다. 지금도 우리는 남들이 해놓은 개념화의 결과들을 들여와서 쓰고 있을 뿐이다. 아직 종속적이라는 뜻이다.

이 세상에 존재하는 모든 새로운 것은 다 불편함이나 문제를 해결한 결과다. 지식도 그러하다. 고로 새로운 것을 생산해서 앞서고 싶은 생각이 있다면, 먼저 불편함이나 문제를 느낄 수 있어야 한다. 그리고 그 문제를 해결하려고 덤벼야 한다. 별로 어려워 보이지 않지만, 인간에게 가장 수준 높은 일 가운데 하나가 불편함을 느끼고 문제를 발견하는 일일 것이다. 불편함이나 문제를 발견할 때 인간이 하는 최초의 지적 활동이 질문이다. 불편함이나 문제를 해결한 결과를 숙지하는 것에 익숙한 사람은 자신의 지적 활동을 대부분 대답으로 채운다.

대답에 익숙한 사람들

내가 자주 한 말이지만, 논의를 조금이라도 더 탄탄히 하기 위해서 덧붙여 말한다. 대답은 이미 있는 이론과 지식을 그대로 먹어서 누군가 요구할 때 뱉어내는 일이다. 이때 가장 중시되는 일은 누가 더 빨리 뱉어내는가, 누가 더 많이 뱉어내는가, 누가 더 '원래 모습' 그대로 뱉어내는가다.

대답이라는 활동이 가장 높은 단계에서 제도적으로 운용된 것이 '고시(高試)'일 것이다. 대답의 최상위 전문가들을 선발하는 제도다. 여기서 급소는 '원래 모습'이다. 원래 모습을 시제로 따지면 현재나 미래가 아니라 과거다. 그래서 대답은 어쩔 수 없이 과거를 어루만지는 일이 되지 않을 수 없다. 그러다 보니, 대답에 익숙하도록 훈련된 사람들은 미래보다는 과거를 살게 된다. 대답에 익숙하도록 훈련된 인재들이 채우는 사회의 거의 모든 논쟁이 다 과거 논쟁으로 빠지는 이유다.

과거를 한 점 오류 없이 철저히 따져야 진실하게 산다는 생각이 들도록 훈련되었기 때문에 입으로는 미래를 말하면서도 정작 몸은 과거에 붙어 있다. 또 '원래 모습'이 기준으로 작용한다. 그러므로 기준에 맞으면 선(善)이라 하고, 기준에 맞지 않으면 악(惡)이라 한다. 그래서 대답에 익숙하도록 훈련된 사람들로 채워진 사회의 거의 모든 논쟁은 다 선악 논쟁이다.

우리가 도덕과 명분에 갇힌 이유도 우리 영혼을 이런 식으로 훈련해서다. 또 '원래 모습'은 기준의 역할을 하기 때문에 원래 모습에 맞으면 참이고 맞지 않으면 거짓이다. 당연히 대답에 익숙하도록 훈련된 인재들로 채워진 사회의 거의 모든 논쟁은 옳으냐 그르냐를 제일 중요한 위치에 놓고 따지는 진위 논쟁으로 흐른다. 각자 자기만의 정의에 갇혀서 상대방을 적대시하며 극단적인 분열을 겪고 있는 우리 사회의 모습이 이와 관련이 없지 않다. 우리 사회의 거의 모든 논쟁이 진위 논쟁이자 선악 논쟁이며, 총체적으로 과거 논쟁인 이유는 우리가 대답으로만 양성되었기 때문이다.

그런데 이 세계에 출현하는 새로운 것, 위대한 것 가운데 진위 논쟁을 거치거나 선악 논쟁을 거쳐서 나온 것은 단 하나도 없다. 어떤 물건이나 제도나 사상이건 간에 옳다는 이유나 선하다는 이유로 등장한 것은 없다. 문제나 불편함을 해결하는 것을 목적으로 해서 나올 뿐이다. 진위 논쟁이나 선악 논쟁은 과거를 따지고 지키는 데는 효과적이지만, 미래를 여는 일에는 과거를 지킬 때만큼 효과적이지 않다.

미래를 여는 지적 활동은 질문이다. 질문은 내 안에 있는 궁금증과 호기심이 안에 머물지 못하고 밖으로 튀어나오는 일이다. 그런데 궁금증과 호기심은 이 세계의 어느 누구와도 공유되지 않는다. 자기에게만 있는 매우 비밀스럽고 사적인 것이다. 그래서 질문하는 인간, 즉 궁금증과 호기심을 발동하는 인간은 자기 자신에게만 있는 것을 근거로 활동하기 때문에 '독립적 주체'라는 호칭을 얻는다. 세계를 앞서서 이끄는 선도자 역할은 다 이런 독립적 주체들이 독점한다. 궁금증과 호기심은 이미 있는 것을 밟고 서서 아직 드러나지 않는 것, 아직 오지 않은 것, 아직 해석되지 않은 것을 알거나 가지려고 도모하는 일이기 때문에 개방적이고, 확장적이며, 미래적일 수밖에 없다. 우리가 미래적이지 않다면, 궁금증이나 호기심을 발동하는 데 아직 미숙하다고도 말할 수 있겠다.

모든 발전은 현재의 다음 단계를 궁금해하고 꿈꾸다가 거기에 몰입하면서 이루어진다. 대한민국은 세계에서 유일하게 기적적인 발전을 이룬 나라다. 그렇다면 긴 시간 동안 다음을 향한 궁금증과 호기심을 발동하고 그것을 구현했다고 봐야 한다. 해방이라는 현재에 서서는 건국이나 정부 수립이라는 다음을 꿈꿨고 그것을 완수했다. 완수된 다음에는 건국이나 정부 수립이 현재가 되었다. 그 새로운 현재에 서서는 또 그다음의 미래인 산업화를 꿈꿨고 또 그것도 완수했다. 산업화가 현재로 등장하자 거기서는 또 그다음의 민주화를 꿈꿨다. 민주화도 완수했다. 이처럼 '다음'이 바로 미래다. 다음을 완수해가며 우리는 착실히 미래를 연 것이다. 여기까지가 우리의 발전 맥락이다.

표현을 바꿔보자. 산업화는 건국과 정부 수립을 과거로 만들었고, 민주화는 산업화를 과거로 만들었다. 그러면서 미래를 단계적으로 소유하게 되었다. 이것을 발전이라고 한다.

그러나 지금 우리는 민주화를 과거로 만들지 못하고 있다. 사실 민주화에 멈춰 있다. 민주화 세력이 새 시대를 향해 스스로 각성하거나 새로운 어젠다로 무장한 세력이 등장하여 민주화 세력을 과거로 만들 수 있어야 하는데, 지금 우리 형편으로는 두 가지 모두 매우 요원해 보인다.

민주화는 과거 시제

다시 말하지만, 지금 우리에게 있는 모든 혼란과 답답함은 민주화라는 현재에 계속 멈춰 있으면서 그다음의 새 시대를 맞이하지 못하고 있는 사실에 기인한다. 민주화는 이미 과거다. 발전하는 나라에서는 과거가 순조롭게 도태되는데, 우리에게는 아직 그런 일이 일어나지 못하고 있다. 민주화를 주도했던 세력 가운데 일부가 권력을 장악하고 있고, 그러다 보니 그 세계관에 여전히 갇혀 있다. 불행하게도 그들은 공부를 하지 않았고, 1980년대 초반 논리에서 진화하지 않았다. 이념에 갇히면 사고력이 현저히 떨어지는데, 사고력 저하를 극복하려는 노력을 전혀 하지 않은 것 같다. 우리의 권력층은 4차 산업혁명 시대에 갤럭시S10을 들고 1980년대 초반을 산다. 통탄할 일이다.

그렇다면 혹자는 이렇게 반문할 수도 있겠다. 세종대왕이 한글을 창제한 이후에 우리가 새로운 일을 벌여본 적이 없다는 말과 어울리지 않는 것은 아닌가? 우리는 단계별로 다음, 즉 미래를 열어본 적이 있고 그것을 '기적'이라고 하지 않는가? 일정 부분은 맞다. 그러나 우리가 열어본 적이 있다고 말했던 미래는 우리보다 앞서서 다른 나라들이 먼저 열어본 것들이다. 다른 나라들이 했던 일을 따라서 잘 이룬 것도 물론 위대하지만, 민주화 다음의 미래는 이제 우리의 힘만으로 열어야 한다. 민주화 다음은 선진화라고 할 수 있는데, 이 선진화는 창의적 활동이 이끄는 단계다. 창의적 활동은 독립적 주체만 할 수 있다. 우리는 아직 경험해보지 못한 인격의 한 형상이다. 대답하는 실력으로는 민주화 단계까지도 가능하지만, 민주화 다음 단계는 질문하는 능력이 필수다. 이제 정말 우리의 실력을 발휘하고, 또 그것을 증명해야 하는 때가 왔다. 이 사실을 깊이 깨닫지 못하면 민주화를 이룬 경험으로만 살려고 할 것이다. 물론 지금까지는 그렇게 살고 있다.

어느 진영도 미래를 말하는 능력이 없다

어느 한 진영에서 '이것이 나라냐?'라고 하면서 자칭 혁명을 했다. 하지만 분명히 혁명은 아니다. 바뀐 것이 없기 때문이다. 혁명도 아닌 것을 혁명이라고 자칭하면서 실제로는 미숙하게 우왕좌왕하는 것을 보고, '이것이 나라냐?'라는 소리를 들으며 밀려났던 쪽에서는 다시 '이것은 나라냐?'라고 반격한다. 대한민국의 슬픔은 어느 진영도 '미래'를 말하는 능력이 없다는 점이다. '이것이 나라냐?'라고 했던 진영과 '이것은 나라냐?'라고 하는 진영 사이에 아무런 차이가 없다. 서로 같은 수준에서 다른 색깔의 옷을 걸치고 다른 색깔의 스피커를 틀었을 뿐이다. '이것이 나라냐?'라고 하는 쪽이나 '이것은 나라냐?'라고 하는 쪽이 모두 '과거'를 지키는 일 외에는 하지 못하고 있을 뿐이다.

대답하는 훈련만 하면 진위를 따지는 명분이나 선악을 따지는 도덕 감성에 갇힌다. 이는 영혼을 과거에 맡긴 사람들에게 나타나는 대표적인 특성이다. 그러면서 사실을 자세히 보는 능력을 기르지 못한다. 보이는 그대로 세계를 보지 못하고, 보고 싶은 대로 보거나 봐야 하는 대로만 본다. 과거에 갇히면 도덕과 명분이 앞서게 되어 사실을 볼 수 없게 되는 것이 큰 부작용이다. 효율성이 떨어지고 있는데도, 자기만의 방식으로 해석하여 문제없는 것으로 간주한다.

최진석의 대한민국 읽기

세금을 풀어 문제를 해결하려다가 망한 나라들이 우리 앞에 이미 많이 있음에도 불구하고 그 길을 그대로 따라간다. 우리만은 아무 일 없을 것이라고 의식을 조작하는 확신범이 된다. 치욕을 당하고 무시를 당하는 것인데도 그것을 치욕이나 무시당한 것으로 보지 않고, 굴종을 굴종으로 보지 않고, 진실을 위해 감당하는 고난으로 간주한다.

사실과 동떨어진 말을 하고도 알아채려 하지 않는다. 사실과 동떨어진 말을 했다고 비판해도 상관하지 않는다. 자신이 하고 싶은 말만 하면 되기 때문이다. 그렇게 해야 더 진실하게 살고 있다는 착각이 들도록 훈련되었기 때문에 어쩔 수 없는 일이다. 갖춘 실력이 그러하니 어쩔 수 없는 일이다. 이것이 비극인 것이다. 나라나 기업이나 망할 줄 모르다가 졸지에 망한 경우는 거의 없다. 망해가는 줄 알고, 심지어는 망해가는 것을 보면서 망해간다. 다만 어찌할 수 없을 뿐이다. 그래서 정약용(丁若鏞)이 "이 나라는 털끝 하나인들 병들지 않은 게 없다. 지금 당장 개혁하지 않으면 나라는 반드시 망하고 말 것이다"라고 경고했지만, 70여 년 만에 나라는 망했다. 조선의 실력은 경고를 듣고 개선에 나설 정도가 못 되었던 것이다. 지금 우리도 사실은 이 지경에 이르렀다. 보지 않고 듣지 않을 뿐이다. 일은 실력 이상의 결과로 나올 수 없기 때문에 설령 알았다 하더라도 어쩔 수 없는 일이다. 장자는 이렇게 말한다. "죽음에 가까울 정도로 굳고 딱딱해진 마음은 다시 생기를 회복하지 못한다(近死之心, 莫使復陽也)."(《장자(莊子)》, 〈제물론(齊物論)〉) 우리 마음은 굳기가 지금 어느 정도일까? 과거에 갇힌 사람들에게 더 슬픈 일은 자기를 가둔 과거가 점점 자신의 자각 능력이나 각성 능력을 갉아먹는다는 것이다. 낡은 말과 낡은 태도를 극복하고 '새 말 새 몸짓'으로 무장하는 일을 서두르고 더욱 철저히 해야 하는 이유다.

나는 5·18을
왜곡하고 폄훼하는 사람들에게
저항한다

누군가 내 글을 읽고 이런 말을 한다. "공부를 그렇게 많이 한 사람이 이따위 글을 쓰다니. 공부를 많이 한 것하고 진리를 말하는 것은 다른 것인가 보다." 글을 쓰는 입장에서, '공부를 그렇게 많이 한 사람'(사실 이 말씀에는 매우 부끄럽다)이라는 평가를 했으면 "공부를 그렇게 많이 한 사람이 왜 이따위 글을 썼을까?"를 한 번 정도는 생각해주면 어떨까 하는 소망을 가지기도 한다. 나는 갈수록 더 "사람이 한번 가진 생각을 바꾸는 것은 코끼리가 냉장고에 들어가는 일만큼이나 어렵다"고 보게 된다. 특히 우리나라에서 더 그렇다고 본다. 정해진 생각을 한번 가지면 더 이상 생각을 하지 않는다. 신념만 강화하는 전사가 된다. 생각 없는 사람들끼리 살게 되는 것이다. 그러면 그 사회는 폭력적 사회가 된다. 평범한 사람도 악인이 되는 것이다. 한나 아렌트가 말했듯이, 평범한 사람이 악인이 되는 이유는 아주 간단하다. 생각하는 능력을 상실해서다. 그래서 예수도 회개를 말하고, 부처도 참회를 말한 듯하다. "깨어 있으라!"는 말은 "생각하라!"는 말에 제일 가깝다. 장자는 '자기 살해'를 해야 겨우 가능하다고 말할 정도다. "너는 참회나 회개나 자기 살해를 했느냐?"고 묻는 누군가의 말이 귓가에 들려서 이 말은 여기까지만 하는 것이 좋겠다.

'나는 5·18을 왜곡한다'라는 글을 발표하고 나서 수많은 비난과 찬사에 둘러싸였다. 글을 발표하고 매번 드는 생각이 있다. 글을 읽지 않고 먼저 반응한다는 것이다. 읽지 않고 우선 판단한다. 판단은 주로 마음에 드는지의 여부다. 내 글은 (수준은 아주 낮지만 짧다는 이유로) 시 형식을 취했다. 초등학교 졸업 학력만 있으면 이해할 수 있다. 나는 '5·18을 왜곡한다'고 쓰고, 5·18을 왜곡하는 사람들을 저주했다. 나는 5·18을 폄훼하는 것이 아니라 5·18을 폄훼하는 사람들을 폄훼한다. 나는 5·18의 순수를 지키고 싶고, 그 자유와 민주의 정신을 지키고 싶은 소망으로 썼다. '읽으면' 알기 어렵지 않다. 판단하면 불쾌하다. 내 글 어디에도 5·18을 폄훼하는 내용이 없다. 5·18을 향한 절절한 내 사랑만 있다. 내 나이 스물한 살 때의 순수했던 5·18을 잃고 싶지 않은 것이다. 그래야 5·18이 산다. 나는 5·18

을 왜곡하지 않았다. 나는 5·18을 폄훼하지 않았다. 5·18을 왜곡하고 폄훼하는 사람들에게 저항하는 중이다.

5·18은 혁명이고 민주화 투쟁인데, 여차여차한 이유로 민주당의 전유물이 되었다. 정치인들에게 포획되었다. 물론 여기까지 오는 길에 민주당과 정치인들의 노고는 또 얼마나 컸겠는가. 박수를 보낸다. 그러나 언제부터인가 정치인들은 5·18만 가져가고 5·18의 정신인 민주와 자유는 잃어간다. 추종하는 대중은 민주건 자유건 아무 상관도 하지 않게 되었다. 대중은 자신이 자신의 정치 행위를 하는지 아니면 정치인들에게 포획되었는지 여부를 알아채기 어렵다. 역사에서 내내 그랬다. 그래서 홍위병도 되고 이른바 '빠'도 되는 것이다. 그것을 권력자들은 알고 이용하지만 대중은 모른다. 이용당하는 줄도 모르면서 의기양양하기만 하다.

이제 문제는 법으로 지키는 것이 5·18을 더 살리는 길이냐, 아니면 법으로 지키려 하지 않는 것이 5·18을 더 살리는 길이냐가 남는다. 나는 법으로 지키려 하지 않는 것이 차라리 5·18을 살리는 길이라고 본다. 여기서 한 걸음 더 나아갔다. 법으로 지키려 하는 것은 매우 나쁘다. 왜 나쁜가? 그것은 5·18이 쟁취하려고 했던 민주와 자유의 정신을 훼손하기 때문이다. 눈앞에 있는 반대자들을 처단하고 싶은 욕망을 억누르고, 자유와 민주의 정신을 더 높은 것으로 보려면 어느 정도는 공부가 되어 있어야 한다. 소유적 목표와 존재적 목적 가운데 존재적 목적이 더 가치 있다는 것 정도는 알아야 할 수 있는 일이다. '파멸할 수는 있어도 패배하지는 않겠다'는 어니스트 헤밍웨이(Ernest Hemingway)의 말 정도는 이해할 줄 알아야 가능하다는 뜻이다. 쉽지 않은 일이다.

표현의 자유

역사 문제를 법으로 다스리려고 하는 것은 민주주의의 핵심인 표현의 자유를 심히 침해한다. 표현의 자유는 민주와 자유의 핵심 사항 가운데 하나다. 그래서 아무리 이해가 안 되고 꼴 보기 싫어도 '역사의 정신'으로 힘들게 제압하면서 가는 것이다. 역사 교과서를 국정에서 검정으로 바꿀 때의 주장도 국가가 역사 해석을 독점하면 안 된다는 것이었다. 표현의 자유를 국가가 좌지우지하지 말라는 것이다. 천안함 침몰 사건과 관련하여 민군 합동 조사단이 북한 어뢰 공격에 의한 것으로 결론지어 공식 발표했는데도 여전히 다른 의견을 말하는 사람들이 있다. '천안함왜곡처벌법'은 표현의 자유를 침해한다는 이유로 위헌 소지가 있어서 법안 소위에도 오르지 못했다. 대한민국 역사에서 6·25보다 더 큰 일이 있을까? 그런데도 '북침'이라고 주장하는 사람들이 아직도 있다. 그래도 '6·25왜곡 처벌법'을 만들지 않는다. 민주와 자유를 위해서 표현의 자유가 그만

최진석의 대한민국 읽기

큼 중요하기 때문이다. 표현의 자유를 제한하는 순간 민주와 자유는 숨이 막히기 시작한다. 독재의 첫걸음은 표현의 자유를 제약하고 표현 내용을 국가가 독점하겠다는 것으로 출발한다. 모든 역사적 사건에 대한 왜곡 처벌법을 만들지 않을 이유가 없어진다.

　표현의 자유는 좀 높이 있고, 분노를 일으키는 왜곡 현상은 바로 눈앞에 가까이 있다. 그래서 대개는 분노를 일으키는 왜곡을 얼른 제거하거나 금지하고 싶어 한다. 생각을 하는 습관이 훈련되어 있지 않으면, 부정적으로 보이는 그 현실의 문제가 즉각 정의를 자극하는 문제로 급선회한다. 뜬금없이(물론 정당화하는 설명은 구구절절할 것이다) '선거 출마 일 년 전 검찰 사직' 법안을 만들려고 하는 것도 다 이런 맥락이다. 법의 정신은 이미 다급한 현실에 의해 심히 왜곡되고 유린되어 있다. 지금 우리는 이런 조건 속에 살고 있다. 이 정도의 법은 이미 사소해져버렸다. '법에 의한 통치'가 아니라 '법을 이용한 통치'는 지금 대한민국에서 일상이 되어버렸다. 법을 공부한 자들은 입을 열어 말을 해보라. 긍정이 되었든 부정이 되었든 자손들에게 남겨 자신의 영욕으로 삼으라. 이런 법을 만들려는 행위가 정의가 되어버린 사회, '5·18역사왜곡처벌법'도 이 연장선의 출발로 해석될 큰 위험을 안고 있다.

특별법까지 동원할 필요는 없다

5·18역사왜곡처벌법을 주도한 김정호 변호사가 발표한 글의 제목은 '5·18허위사실유포처벌법, 최악을 면하기 위한 불가피한 고육책'이고, 그 안에 소제목 '그러나 우리 사회의 현실은 어떠한가?'가 달려 있다. 알아야 할 것이 있다. 유신헌법도, 수많은 긴급조치도, 통일주체국민회의도 다 '최악을 면하기 위한 불가피한 고육책'이었다. 우리 사회의 현실을 유지하려면 어쩔 수 없었던 고육책이었던 것이다. 히틀러의 유대인 학살 계획도 '유대인 문제 해결책'이었다. 유대인을 전멸시키려는 계획도 '최종 해결책(End lösung)'이었다. 마오쩌둥(毛澤東)의 대약진운동도 문화혁명도 다 그랬다. '대약진', '문화혁명' 얼마나 좋은 단어들인가? 모두 다 '현실'에서 최악을 면하기 위한 '불가피한 고육책'이다. 유대인 학살에까지 연결시키는 것이 과하게 느껴지고 서운한가? 유대인 박해의 실무 책임자였던 아돌프 아이히만(Adolf Eichmann)도 그랬다. 평범한 얼굴을 한 악인이 탄생하는 경로는 다 이렇다.

독재의 길은 이렇게 열리는 것이다. 밑에서 의기양양하기만 한 사람들은 자신이 독재의 주구가 되어가는 것을 알지 못한다. 각성되지 않은 정의감은 각성된 불의보다 잔인하다. 각성되지 않은 사명감은 각성된 게으름보다 무모하다. '현실의 불가피한 고육책' 정도의 사유에 멈춘 사람들이 법을 만들면서 하는 말들이 있다. "네가 법에 안 걸리게 바르게 살면 된다.", "내용은 아주 간단하고 제한하

최진석의 대한민국 읽기

는 것이 몇 개 안 된다.", "정해진 몇 개만 빼놓고는 훨씬 더 많은 다른 일을 할 수 있다.", "너한테는 직접적으로 해당하지 않는다." 법을 만드는 사람들의 전형적인 속임수다. 법을 자세히 읽어보면 그렇게 말하지 않을 것이라고 하는 대부분의 사람이 다 이 정도다. 나는 여기서 내용의 간단함이나 복잡함의 문제를 말하는 것도 아니고 허용의 범위를 따지는 것도 아니다. 그런 것들은 오십보백보고 대동소이할 뿐이다. 역사를 법으로, 그것도 특별법으로 묶지 말라는 것이다. 처벌하지 말라는 뜻이 전혀 아니다. 처벌해야 한다. 다만, 특별법까지 동원할 필요는 없다. 그래서 5·18을 5·18로 살려내자는 말이다. '내 5·18'을 '네 5·18'로 정하지 말라는 말이다. 그것이 민주와 자유를 더 보장하는 길이기 때문이다.

5·18역사왜곡처벌법의 경우

5·18역사왜곡처벌법을 놓고 논의할 때 항상 등장하는 것이 홀로코스트 부정 행위 처벌법이다. 우선 5·18은 국가가 특정한 인종을 과녁으로 삼아 부정하고, 의도적으로 법까지 제정하여, 철저한 계획 아래 국민 전체를 공범으로 조작해가면서 자행한 일 정도까지는 아니다. 홀로코스트와는 다르다. 하지만 아무리 정도의 차이가 있다 하더라도 피해 당사자 입장에서(내 입장에서도) 이런 정도의 차이가 무슨 큰 의미가 있겠는가? 모든 사람은 다 하나의 우주다. 이것을

정도의 문제로 살피는 것은 진실한 태도가 아닐 수 있지만, 하나의 예로만 자신의 입법을 정당화하는 문제를 지적하기 위해서 말하는 것이다. 논리적으로만 보면, 역사 왜곡 처벌법으로 정해서 처벌하지 않는 예가 훨씬 더 많다. 예를 들어서 근거를 찾는다면, 역사 왜곡 처벌법을 만들지 않아야 할 근거가 훨씬 더 많은 것이다.

"홀로코스트를 부정하는 행위를 처벌한다고 해서 독일이나 프랑스의 법체계가 후진적이라거나, 전체주의로 몰아가는 악법이라거나, 반대 의견을 억압하는 파시즘이라는 평가를 받지는 않는다"라고도 한다. 그러니 우리나라의 5·18역사왜곡처벌법도 법체계가 후진적이라는 평가나 파시즘이라는 평가를 받지 않을 것이라는 뜻으로 하는 말 같다. 이런 말을 하려면 조금 더 생각할 줄 알아야 한다. 독일은 우리 법이 거의 대부분을 따라서 할 정도의 법 선진국이다. 프랑스는 근대형 국가를 출발시킨 나라다. 그들이 가진 법의 건강성과 견고함이나 '법 정신'을 우리도 그들만큼 가지고 있다면 맞는 말이다. 그러나 지금 눈앞에서 우리 법의 건강성과 법 정신은 일상적으로 훼손되고, 법이 임의대로 행사되고 있으며, 법의 적용에 '내로남불'이라는 비아냥거림이 있을 정도다. 내가 법에 대해 어떤 태도를 취하고 있는지 자각이 우선 필요하다. 그래서 특히 높은 자리에 있는 사람들은 자각하고 각성하는 능력을 먼저 배양해야 하는 것이다.

최진석의 대한민국 읽기

경청의 중요성

정권이나 기업이 망할 때 외부의 공격을 받아 무너진 것처럼 보이지만, 사실은 거의 모두가 스스로 망한다. 먼저 스스로 망하고 나서, 외부의 힘에 굴복한다. 대중은 당신들이 믿는 것처럼 선하지 않은가! (물론 마음에 드는 소리만 해주는 대중이 훨씬 더 선해 보일 것이다) 선한 대중(국민)은 자신들이 사는 터전에 균열의 위험이 감지되면 경고의 호루라기를 불어준다. 그것이 '반대의 소리'다. 시위다. 바로 표현의 자유인 것이다. 표현의 자유에 입각해서 호루라기를 부는 대중에게 '살인자'라고 하면 안 된다. '살인자'라는 말이 튀어나왔다면, 이제는 마음에 드는 소리만 듣지, 마음에 들지 않은 호루라기 소리는 듣지 않고 증오하겠다는 뜻이다. 자신들을 좋아하는 사람들하고만 살겠다는 뜻이다. 동네에서는 이렇게 해도 되지만, 국가는 이러면 안 된다. 이것이 망할 징조일 수 있다. 물론 호루라기 소리가 다른 많은 잡다한 소리와 뒤섞여 듣기가 쉽지는 않다. 그래서 실력이 필요한 것이다. 망하기 싫으면 들어야 한다. 모든 변화에는 호루라기 소리를 닮은 조짐이 먼저 등장한다. 조짐이 등장하지 않고 갑자기 변화가 나타나는 일은 우주 천지에 하나도 없다. 남녀 간의 이별에도 수없이 많은 조짐이 먼저 등장한다. 그래서 우리보다 앞선 사람들이 경청을 그리도 중요하게 말한 것이다. 세종대왕이나 한나라 유방이나 당나라 태종(太宗)이 위대한 업적을 쌓게 된 힘의 근원도 경청이었다. 아마 삼성이 성공한 핵심 이유 가운데 하나도 경청일 것이다. 비판하는 소리가 비난으로 들리고 게다가 듣기 싫어지기까지 하면, 깨달아라. 자신이 무너지고 있음을.

차지철이나 이기붕 되는 것이 그렇게 어려운 일은 아니다. 아주 쉽다. 너무 쉬워서 자신도 모르는 사이에 어쩌다 차지철이 되어 있고, 어쩌다 이기붕이 되어 있다. 자신만 모른다. 죽을 때까지 이 사실을 모르는 사람도 많다. 수련의 경지를 쌓기는 팔만대장경을 한 손가락으로 들기보다 어렵고, 수련의 결과를 까먹기는 아침에 일어나 코 만지기보다 쉽다. 생각을 하지 않고 각성도 하지 않고 자기를 객관화하지 않으면, 누구나 다 쉽게 그리될 수 있다. 주의하고 살 일이다.

덧붙일 말이 있다. 어떤 분으로부터 받은 글에 내 말을 조금 더 남길 필요를 느낀다. 요지는 그동안 내가 일관되게 견지한 생각과 내 글 '나는 5·18을 왜곡한다'가 서로 어긋난다는 것이다. 내가 받은 글은 이렇다.

"최진석 교수님은 평소 경계의 철학자라고 불렸고, '확신하지 않는 힘'이 내공이고, '대립 면의 긴장을 품고 있을 때', '대립 면의 경계에 설 수 있을 때' 나오는 것이 내공이라고 자신의 저서와 강의를 통해 강조하셨습니다. 최진석 교수님의 〈5·18법 저주 시〉는 교수님이 그동안 강조해왔던 경계의 철학과 내공과는 거리가 있어 보이고, 단선적인 확신과 비난의 언어가 들어 있어 최 교수님의 글이라고 하기에 낯설고 믿기지 않습니다. 최진석 교수님의 강의와 책을 통해 성찰과 소통을 고민했던 한 사람으로서 당황스럽습니다."

　우리는 높은 경지를 말할 때 중용(中庸)이니 중도(中道)니 하는 개념을 제시하곤 한다. 중용이나 중도는 '중간'이 아니다. '탁월함' 또는 '가장 높은 곳'이다. 경계에 서는 것은 중간에서 어정쩡하게 있는 것이 아니다. 한쪽만을 지키지 않는 일이다. 한쪽을 지키면, 지키는 수고가 있더라도 마음은 편안하다. 하나의 이념에 빠지면 우선 편안하다. 한쪽을 지키지 않고 대립 면을 모두 품으면, 즉 경계에 서면 불안하다. 불안이 탄성(彈性)을 만들어서 지성을 살아 있게 하는 것이다. 여기서 통찰이 나온다. 이때 튀어나오는 지성은 참 믿을 만하다. 내가 제자인 국민의힘당 국회의원 후원회장을 맡으니, "경계에 서라고 해놓고 왜 한편을 지지하느냐"고 따지는 사람도 있었다. 요즘 정치권에서도 검찰총장에게 정치를 하지 않겠다는 의사 표시를 하라는 인민재판식의 차마 웃지 못할 일이 벌어지고 있어서 나도 의사 표시를 한다면, 나는 국민의힘당을 지지하는 사람이 아니다. 나는 그저 제자의 일을 돕는 사람일 뿐이다. 나하고 인간적인 믿음이 있는 민주당이나 정의당 등의 국회의원이 후원회장을 맡아달라고 요청해도 당연히 할 것이다.

　나는 김대중 - 노무현 - 문재인 지지자로 살아왔다. 촛불혁명의 광화문 대오 속에 있었던 사람이다. 그런데 이분이 말하는 경계는 아마 민주당도 아니고 국민의힘당도 아닌 곳을 말하는 것 같다. 어디에도 확신을 갖지 않고 중간에서 어정쩡한 자세를 취하는 것. 이 것은 경계에 선 것이 아니라 바보다. 박정희의 독재를 비판하는 세력과 비판하지 않는 세력이 있을 때 그 사이에서 어정쩡하게 있는 것이 경계에 서는 것은 아니다. 박정희 후보와 김대중 후보가 경합 할 때 중간에 어정쩡하게 있는 것이 경계에 서는 것이 아니다.

경계에 서는 것을 다른 각도에서 가장 분명히 확신을 가지고 말 해준 사람이 바로 부처다. 부처는 경계에 서서 확신을 가지고 불법 (佛法)을 전한다. 불교와 기독교 사이에 있는 것을 경계라고 하지 않 는다. 물론 불교와 기독교 사이에서 한쪽을 선택하지 않고 자신을 불안 속에 밀어 넣은 후 어떤 탄성을 발견할 수도 있을 것이다. 이 때는 불교와 기독교의 경계에 있다고 할 수도 있겠다. "단선적인 확 신과 비난의 언어는 잘 이해하기 힘듭니다"라고도 했는데, 입장 차 이일 수 있다. 마음에 들면 비판으로 보이고, 마음에 들지 않으면 비 난으로 보이기 쉽다. 나는 '비판'이라고 썼지만 읽은 사람이 그것을 '비난'으로 받아들이는 것은 내가 어찌할 수 없는 영역에 속한다. '단선적인 확신'도 주관적인 가치 판단의 결과이기 때문에 내가 어 찌할 수가 없다.

최진석의 대한민국 읽기

용기, 진영을 넘어

문장들

이런 문장들이 있다. "과거부터 쌓여온 뿌리 깊은 적폐들을 해소하지 못한다면 국민 행복도 국민 안전도 이뤄낼 수 없습니다.", "적폐들은 꼭꼭 숨어 있어서 좀처럼 드러나지 않지만, 드디어 드러났다면 이것은 적폐 근절의 시작입니다.", "지금 바꾸지 않으면 기회는 다시 오지 않는다는 각오로 근본부터 하나하나 바꿔가겠습니다.", "우리 사회 곳곳의 묵은 적폐를 바로잡아서 새로운 대한민국을 반드시 만들어가겠습니다!", "저와 정부는 우리 경제가 다시 회복세를 이어가고, 그 온기가 구석구석 퍼져 나가도록 모든 역량을 총동원할 것입니다.", "한반도에 평화통일의 기반을 구축하는 일에도 더욱 박차를 가할 것입니다.", "우리가 힘을 모아 국가 혁신을 이뤄내지 못한다면 결코 국민의 신뢰를 얻지 못할 것입니다." 문재인 대통령이 했을 법한 말이겠는가, 아니면 박근혜 전 대통령이 했을 법한 말이겠는가? 문재인 대통령의 말이라고 해도 전혀 이상하지 않다. 그러나 2014년 당시 박근혜 대통령이 7월 14일 새누리당 전당대회에 가서 내놓은 축사의 말들이다.

이런 문장도 있다. "상황이 점점 더 안 좋아지다가 이제는 매우 위태롭다. 상황이 어떻길래 위태롭다고 하는지를 죽을 각오로 말해보겠다. 나라의 문화 풍토는 정해진 것만을 따르거나 프레임 씌우기로 더욱 나빠지고, 관직은 능력과 관계없이 나눠주어 나라의 이익이 되는 일은 없이 그저 월급만 받고, 정치는 생산적이지 않은 시빗거리를 만들어 거기에 나라 전체가 매달리면서 혼란스럽고, 온 국민은 과거의 규제에 묶여 신음한다."

적폐의 의미가 선명하게 보이는 이 문장은 누구의 말을 고쳐 쓴 것일까? 박근혜 대통령의 임기 중에 나온 말일까? 아니면 문재인 대통령이 재임 중인 요즈음 누군가 한 말일까? 놀랍게도 조선 중기 율곡(栗谷) 이이(李珥)의 말이다. 조선의 학자들은 나라가 위태로워진다고 판단되면 목숨을 걸고 왕에게 그 폐단을 낱낱이 고하고 개선을 요구하는 상소를 했다. 그 상소를 '진시폐소(陳時弊疏)'라고 하는데, 율곡은 세상을 뜨기 2년 전인 1582년에 선조에게 올렸다. 율곡이 적폐 청산을 주제로 한 상소문을 올리고 10년 후, 일본이 침략해 들어와 강토를 유린했다. 율곡이 임진왜란 전에 부르짖었던 적폐 청산을 437년이 지난 지금 대한민국에서도 듣는다.

우리가 지금 어느 정도로 망가지고 있는지를 대변하는 말로 '이것이 나라냐?'도 있고 '이것은 나라냐?'도 있다. 어느 진영의 말이 옳은지 그른지 따질 필요도 없다. 누가 옳든지 간에 나라 꼴이 말이 아니라는 것만큼은 어느 진영에서나 동의하고 있지 않은가? 나라 꼴이 말이 아니라는 깨달음이 지금에서야 출현했다면 차라리 다행으로 여기겠다. 그러나 이런 말투는 율곡의 시대에도 이미 있었다. 율곡은 나라 꼴이 말이 아니라는 의미를 '국비기국(國非其國)'이라는 표현에 담았다.

'국비기국'은 훨씬 더 오래전 중국의 고전인 《묵자(墨子)》나 《관자(管子)》에도 나온다. 나라가 행정 명령이 제대로 시행되지 않거나 3년 정도 버틸 재정이 확보되지 않으면 나라라고 하기 어렵다는 의미로 주로 쓰였다. 율곡은 이와 달리 당시 조선의 폐단을 구체적으로 지적하면서 그 폐단들이 청산되지 않고 있다는 의미에서 이 말을 썼다. 즉, 민심이 분열되고 권력이 간신들에 둘러싸여 혼란스럽다는 의미에서 '나라가 나라 꼴이 아니'라고 했던 것이다. 이전 정권들에도 맞고 지금 정권에도 맞는 말이다. 우리는 분열한 민심이

야기한 혼란과 간신들에 둘러싸여 실상을 정확히 보지 못하는 권력자가 내린 비효율적인 판단들로 고통받으며 지낸 지 이미 오래다.

태극기 부대와 대깨문

율곡의 시대와 지금의 시대가 440년이라는 긴 시간의 격차가 있다는 사실을 느낄 수 없을 만큼 유사한 것을 보면서 그저 놀라울 따름이다. 임진왜란 직전에 동인(東人)과 서인(西人)이 극단적이면서도 맹목적으로 대립하여 국가를 비효율 속으로 빠뜨린 것을 보면서 그것이 지금의 시대와 너무도 흡사하다는 것을 알고 나서는 또다시 놀라울 따름이다. 긴 시간 사이에서만 달라진 것이 없는 것은 아니다. 시간을 거의 공유하는 짧은 시간 사이에도 유사함은 존재한다. 이 글의 앞머리에서 예로 든 문장들은 박근혜 전 대통령의 말이지만 지금의 문재인 대통령이 했다고 해도 전혀 이상한 일이 아니다. 언론 장악, 낙하산 인사, 어용 지식인의 득세, 인사 실패, 꽉 막힌 불통, 협치 실종 등 거의 모든 것이 다른 정권들 때처럼 똑같이 나타나는 것이다.

이명박은 자신을 노무현과 다르다고 주장하고, 문재인은 자신을 박근혜와 전혀 다르다고 주장하겠지만, 구체적으로 드러나는 것을 놓고 본다면 별 차이가 없이 대동소이하다. 이명박을 지지하는 사람들은 스스로 노무현을 지지하는 세력과는 전혀 다르다고 할 것이고, 문재인을 지지하는 사람들은 박근혜와 별 차이가 없다는 말에 경기를 일으키겠지만, 지금까지 드러난 사실만으로도 그 경기를 무색하게 할 수 있다.

정치 지도자들만 그런 것이 아니다. 지지자들도 모두 다른 척하면서 똑같다. '태극기 부대'와 '대깨문' 사이에 무슨 차이가 있는가? 다른 옷을 입은 같은 사람들이다. 지적 반성력을 근거로 판단하는 것이 아니라, 지도자에 대하여 맹목적으로 감성적인 숭배를 하는 단계를 벗어나지 못하고 있다. 궁극적으로는 우상숭배의 다른 형태일 뿐이다. 임진왜란 직전의 동인과 서인, 그 이상도 아니고 그 이하도 아니다.

적어도 율곡의 시대부터 지금까지 우리가 역사에서 배우고 깨달아 한 단계 크게 상승하지 못한 것은 분명하다. 물론 물질적인 풍요나 국제적인 위상을 들라 치면 어찌 그 시대의 그것과 같겠냐만, 시선의 높이랄지 세계와 관계하는 수준 혹은 태도는 지금까지도 여전한 점이 분명히 있다. 그래서 같은 내용이 그때도 있고 지금도 있는 것이다. 구조적인 유사성 때문이다. 이것은 시간적으로 긴 계기 안에서만 일어나는 일이 아니다. 동시대 안에서 봐도 학습과 진화는 일어나지 않았다.

진영 논리, 종속성

정치적인 대립각 사이에서도 왜 구조적으로나 내용적으로 달라지지 않을까? 이 말을 달리 표현하자면, 왜 수직적인 진화가 일어나지 않고 그 자리를 뱅뱅 돌고 있을까? 시간적 공간적으로 수직적 진화를 가로막는 문화적 요인은 무엇인가? 나는 그것을 한마디로 종속성이라고 말한다. 율곡의 시대부터 지금까지 관통하는 하나의 속성이 바로 종속성이다. 박근혜 시대와 문재인 시대를 관통하는 하나의 속성도 종속성이다. 종속성은 사유나 생각을 자신 내부에서 생산하지 않고 외부의 것을 그대로 수용한 후 외부를 향해 집행하는 삶의 형태를 취하면서, 스스로는 자신의 생각에 따라 사는 것으로 착각하는 상태다. 자기 스스로 생각하는 것 같지만 사실은 집단이 가진 생각을 내면화하여 그것을 그대로 집행하는 것에 불과하면서도 스스로를 독립적 주체로 착각하는 상태다. 자신이 만든 것으로 삶을 채우려 하지 않고, 외부의 누군가 만든 것을 빌려오거나 그것을 따라 만들면서도 심리적으로 불편함을 느끼지 못하는 상태다. 지식을 생산하려는 도전에 나서기보다 생산된 지식을 수입해서 쓰는 것을 더 효율적인 것으로 착각한다. 내 삶의 방식을 나 자신으로부터 확인받지 않고, 주위의 동의에 더 의존한다. 기능적인 활동에 빠지느라 예의염치(禮義廉恥)를 쉽게 상실하는 상태다. '태극기 부대'나 '대깨문'으로도 표현되는 모든 '빠'는 진영 논리에 갇혀 그것을 진리화하느라 예의염치를 상실하고도 부끄러운 줄 모른다. 모두 종속적인 상태다. 감각과 감성에 빠져 선동적인 행위를 일삼을 뿐 차분하고 논리적인 지적 활동을 하지 못한다. 집단적 광기와 우상 숭배를 하는 것으로 존재적 위안을 얻는 허망한 상태에 빠진다. 하지만 본인은 그것을 자각하지 못하는 상태, 이것이 바로 종속적 삶의 전형이다. 우리는 지금 이런 삶을 길고도 길게 살고 있는 것이다. 우리가 이룬 물질적 풍요와 민주적 발전도 모두 이 종속성의 범위 안에서 이룬 발전임을 깨달아야 한다.

용기, 진영을 넘어

그렇다면 '헌 말 헌 몸짓'을 버리고 '새 말 새 몸짓'으로 무장한 다는 말은 다름 아니라 종속성을 극복하여 독립을 확보하는 것이다. 독립은 영토나 정치적인 의미에 한정되지 않는다. 근본적으로는 시선이나 사유의 독립을 말한다. 종속적 사고는 당연히 진영에 갇히고 감각과 감성에 휘둘리는 경향을 보인다. 독립적 사고는 근본 적으로 감각과 감성을 이겨낸 지적 사고의 형태를 띤다. 진영에 갇힌 사고가 비효율적이며 미래 지향적이지 않다는 것은 진영적 사고를 하는 사람들도 모르는 바가 아니다. 그러나 왜 벗어나지 못하는가. 감성적 확신에 더 의존하기 때문이다. 진영적 사고를 벗어나려면, 우선 진영적 사고를 자세히 관찰할 수 있어야 한다. 그러나 모든 각성이 일어나는 이런 관찰을 시작하는 것이 거의 불가능에 가까울 정도로 어렵다. 관찰한 후에는 각성을 하고 거기서 벗어나려는 태도를 결정해야 하는데, 이것 또한 불가능에 가까울 정도로 매우 어려운 일이다. 그러나 이 어려운 일들을 해내지 않으면 앞으로도 긴 시간 우리는 율곡의 시대를 살며 선조의 무능을 견디다 임진왜란을 겪는 것과 같은 비극에 다시 직면할 수 있다는 사실을 직시해야 한다.

어려움에도 불구하고 감행하는 행위를 용기라고 한다. 따라서 용기는 매우 지적인 활동이다. '지적'이라는 말을 단순히 학력이 높은 것으로 오해하지 말자. 감각과 감성과 맹목적인 믿음에 빠지지 않고 곰곰이 생각할 수 있으면 지적이다. 감각과 감성에 갇혀 있는 사람은 지적이지 않기 때문에 용기를 발휘하지 못한다. 그래서 소크라테스도 용기를 '지적인 인내'라고 한 것이다. 오랫동안 우리를 지배했던 종속성을 이겨내는 용기, 즉 지적인 인내를 발휘하지 않으면 우리는 앞으로도 박근혜와 문재인의 시대를 왕복할 것이다. 동인과 서인 사이의 싸움판 구도를 앞으로도 깨지 못할 것이다. 율곡의 경고를 앞으로도 동시대인의 그것처럼 반복해서 듣는 시대에서 벗어나지 못할 것이다.

다음은 율곡 이이가 선조에게 올린 상소문이다. 지금이라도 지적 인내를 발휘할 수 있으면 문재인 대통령이 최소한 선조는 되지 않을 것이다.

"요즘 정책들이 시대와 맞지 않아 날로 잘못되니 백성들의 의욕

최진석의 대한민국 읽기

이 매일 소진되고 있습니다. 이는 간신들이 권력을 휘두르며 행세할 때보다 더 심합니다. …(중략)… 이렇게 계속하면 십 년도 안 되어 난리가 날 것입니다. …(중략)… 언로(言路)를 넓게 열어서 전하의 뜻과 다르더라도 많은 의견을 받아들이십시오."

프레임을 넘어

국가든 기업이든 어떤 조직이건 간에 외부의 강제에 의해 망하는 경우는 매우 드물다. 나는 거의 없다고까지 생각한다. 모든 망조(亡兆)의 뿌리는 자신에게서 자란다. 스스로 파괴된다. 스스로 파괴되어가는 과정에서 나타나는 자멸의 맥없는 숨결을 탐지한 어떤 탐욕스런 외부의 힘이 마지막 숨통을 조이려 들어올 뿐이다. 그것을 그냥 '침략'이라고 부른다. '외침(外侵)'이라고도 한다. 임진왜란도 그렇고, 병자호란도 그렇고, 심지어는 한일 합방도 그렇다. 따지고 보면 모두 자기 스스로 무너지고 난 다음의 일이라는 것이다. 그들은 피 터지는 일합을 겨룬 후에 들어오지 않고, 자멸해가는 맥없는 숨결을 딛고 이미 승리한 상태로 들어온다.

자멸의 알고리즘

정당도 그렇다. 새누리당이 망해간 과정을 보라. 아무리 헛발질을 해도 든든히 지켜주던 지지층을 누가 빼앗아갔나? 민주당이 빼앗아갔나? 국민의당이 빼앗아갔나? 아무도 빼앗아가지 않았다. 철저히 자멸하고 있다. 누가 무너뜨린 것이 아니다. 아무리 대통령을 비판해도 결사 호위하는 지지층은 마치 콘크리트처럼 견고했다. 그 지지자들이 지금 다 어디로 갔는가? 누군가 빼앗아갔는가? 아니다. 대통령이 스스로 지지자들을 몰아낸 것이다. 누가 밀지도 않았고 무너뜨리지도 않았다. 아무도 보지 않는 곳에서 온전히 혼자서 속절없이 무너져갔다. 혼자서 무너지다가 나라가 결딴나게 생겼다.

개인도 대개는 스스로 무너진다. 고치지 못하는 나쁜 습관, 절제하지 않은 욕망, 갇힌 사고, 시대의 흐름을 외면하는 오만함, 같은 방법만 고집하는 꽉 막힘, 불친절함, 질투, 혼자만의 선의지, 호기심 소멸 때문에 스스로 비효율성을 쌓다가 자신이 고갈되어가는 줄도 모른 채 어느 순간 무너져버린다. 모든 패망은 자초하는 경우가 십중팔구다. 지금 우리는 거의 패망을 자초하고 있지 않은가?

패망이 어느 순간 갑자기 엄습한다지만, 아무도 몰래 숨어서 오는 것은 아니다. 내가 아는 한 모든 패망은 그 전 과정을 당사자들이 목도하는 중에 벌어진다. 참혹한 일이다. 자신이 죽어가는 과정을 스스로 보는 것이다. 나는 망해가는 몇몇 기업을 본 적이 있는데, 어제까지 잘나가다가 오늘 갑자기 망하는 경우는 하나도 없었다. 다 자기가 망해가는 것을 자기 눈으로 보면서 망해갔다. 망하기 훨씬 전부터 그 징조는 나타나고, 또 그 징조에 대해 내부에서 걱정과 문제 제기가 없었던 것도 아니다. 밖에서 방관하던 장삼이사나 선남선녀가 먼저 말해주기도 한다. 하지만 결국에는 어쩔 수 없이 두 눈 뜨고 망해가는 자기 회사를 바라봐야만 한다. 조선 말기에도 그랬다. 수많은 지식인 열사가 목에서 피 냄새가 나는 절규로 조선의 망해가는 기운을 경고하고 호소하고 다잡아보려 했으나 헛된 일이었다. 모두 두 눈 멀쩡히 뜬 채 조선의 패망을 바라봐야만 했다. 이런 일이 다시는 우리에게 일어나지 않을까? 정말 다시는 일어나지 않을 것이라고 확신하는가?

왜 망하는가? 간단하다. 비효율이 쌓여 힘이 빠지기 때문이다. 왜 효율성을 상실하는가? 흐름에 맞춰 변하지 못해서다. 시대의 변화에 맞추지 못하는 것이다. 시대의 변화에 맞춘다는 말은 시대 의식을 포착한다는 뜻이고, 시대 의식을 포착한다는 말은 그 시대에 맞는 적절한 어젠다를 세운다는 뜻이다. 시대에 맞는 어젠다를 세우고, 그 어젠다를 중심으로 세력이 결집하면 효율성이 증가하여 국가가 발전한다. 망하는 것은 변화하는 시대에 적절한 어젠다를 세우지 못해서 일어난다. 시대 의식에 맞는 어젠다가 없거나 일치하지 않으

최진석의 대한민국 읽기

면 비효율이 쌓여 힘이 약화된다. 적절한 어젠다를 세우지 못하는 나라는 마치 꿈이 없는 학생이 책가방 들고 학교를 들락거리면서 시험 성적만 괜찮으면 만족하는 것처럼 시스템 안에서 이리저리 부유한다. 여기서 착각이 일어난다. 시스템 한 귀퉁이를 잡고 이리저리 부유하면서도, 그 부유를 부유로 알지 못하고 마치 무엇인가를 열심히 하는 것 같은 착각을 스스로 만들어내는 것이다. 자기가 무엇을 하고 있는지 사실은 잘 모른다. 이 착각을 착각으로 알아차리고 빠져나오는 일을 '각성'이라고 한다. 이런 각성이 없는 지성은 자기 프레임에만 갇혀 새 비전을 만드는 변화를 감행하지 못한다.

우리나라는 경제 발전과 민주화를 단기간에 모두 성취한 모범 국가다. 이는 외국에서도 모두 인정하는 것이므로 과한 자화자찬은 아니다. 모범적으로 발전한 국가인 것이다. 발전한다는 것은 앞에서 말한 대로 시대 의식을 포착한 인재들이 세력을 형성하여 시대적 조건에 맞는 어젠다를 잘 세우고 또 그것을 추진했다는 뜻이다. 아무래도 나라 일을 말할 때는 해방부터 시작할 수밖에 없다.

해방을 맞은 나라가 해결해야 할 시대 의식은 누가 뭐래도 건국이다. 소란과 갈등과 혼란을 숱하게 겪으면서도 우리는 건국이라는 어젠다를 완수했다. 건국 다음에는 우선 창고를 채워야 한다. 누가 뭐래도 다음의 어젠다는 산업화가 되어야 했다. 수많은 갈등과 분란 속에서도 우리는 산업화 역시 완수했다. 산업화의 내용은 주로 공업화와 도시화다. 농촌을 중심으로 형성된 농업 경제가 도시를 중심으로 하는 공업 경제로 이동한 것이다. 산업 내용의 이동은 주도 세력의 이동을 포함한다. 농업 경제 구조에서 주도권을 잡았던 세력은 더 이상 주도권을 잡을 수 없다. 그래서 반드시 세력(계급) 조정이 필요하다. 이 조정이 전체 사회를 관통하여 일어난 것을 우리는 민주화라고 한다. 산업화 다음에 세워져야 할 어젠다가 바로 이 민주화다. 엄청난 갈등을 겪으면서도 우리는 이 사명 역시 완수했다. 민주화를 이룩한 것이다. 건국 – 산업화 – 민주화의 과정을 직선적으로 급속히 해냈다. 위대한 성취가 아닐 수 없다.

어젠다의 설정

문제는 민주화 다음이다. 우리는 지금 민주화 다음의 어젠다 설정에 실패하고 있다. 꿈을 잃은 청년이 방향 감각을 상실한 채 방황하는 형국이다. 꿈이 없으니 적절한 방법을 찾지 못하고, 방법을 찾지 못하니 어쩔 수 없이 옛날 방법이나 계속 쓰면서 막연히 새로운 인생이 열리기만을 기대하는 것과 같다. 이렇게 해서 열리는 새로운 인생이란 것은 없다. 우리에게 민주화 다음의 꿈(어젠다)은 무엇인가? 바로 선진화다.

건국 – 산업화 – 민주화를 완수하면서 우리는 중진국 상위 수준에 이미 도달했다. 문제는 중진국을 넘어서는 선진화라는 어젠다가 그 이전의 것과 차원이 다르게 어렵다는 것이다. 민주화나 산업화나 건국의 벽은 매우 구체적이다. 또 앞선 선례들이 있다. 그래서 그 벽을 넘자고 설득하는 일이나 힘을 결집하는 일이 상대적으로 덜 어렵다. 그러나 민주화 다음의 벽, 즉 우리가 넘어야 할 선진화라는 벽은 창의적이거나 문화적이거나 인문적이거나 독립적인 활동을 필요로 하는 것으로서, 달리 말하면 관념적이라 할 수도 있고 추상적이라 할 수도 있다. 그래서 설득도 어렵고 힘의 결집도 쉽지 않다. 이 벽을 돌파하는 일은 갑자기 차원이 높아져버린다. 이 선진화라는 어젠다 설정에 우리가 아직까지 성공하지 못한 이유 가운데 하나다.

건국 – 산업화 – 민주화라는 어젠다를 직선적으로 완수한 탄력으로 바로 선진화라는 벽을 넘어야 했는데, 넘지 못하고 지금 우리는 정체를 알기 힘든 투명한 벽 앞에 서서 당황하고 있다. 그 벽에 막혀 민주화 세력과 산업화 세력 심지어는 건국 세력까지 뒤엉켜 있는 것이다. 건국 세력은 건국할 때의 프레임으로, 산업화 세력은 산업화 프레임으로, 민주화 세력은 민주화 프레임만 가지고 각자가 옳다며 아귀다툼하고 있을 뿐이다. 이 아귀다툼을 우리는 혼란이라고 한다.

건국 프레임도, 산업화 프레임도, 민주화 프레임도 이제는 모두 낡았다. 각자 자기 프레임에 갇혀 자기가 낡고 병든 것을 모르기 때문에 핏대를 세우고 목소리를 높이는 것이다. 자기 프레임으로만 세계를 볼 줄 알지, 유동적 세계 안에서 미래를 향한 어젠다를 설정하는 지성적 능력을 보여주지 못한다. 누가 되었든 신념화된 자기 소리만 계속 해대는 사람은 일단 지적이지 않다. 이런 사람들에게 현혹되면 안 된다. 이제는 썩은 프레임들을 '폐기 처분(unlearning)' 해야 한다. 노자의 말을 빌리면 '무위(無爲)'해야 한다. 그래서 선진화라는 새로운 어젠다를 구축하고 이 시대를 건너가야 한다. 가장 가까이 있는 민주화 세력도 민주화의 신념과 방법으로만 버티고 있다면, 그들이 비판하는 산업화나 건국 세력과 다를 바 없이 썩은 깃발일 뿐이다. 다음 어젠다를 위해 자기 탈피를 못 하는 사람은 누가 되었든 역사를 정체시킬 뿐이다.

지금 우리는

2016년 10월, 나라가 뿌리째 흔들리고 있다. 자신의 고유한 신념이 없어 어딘가에 기대야만 하는 나약한 지도자가 무당 기 있는 아줌마에게 휘둘려 국가의 근간이 요동친다. 그 이전의 소란과 달리 이번 사건은 누가 알까봐 창피하기까지 하다.

더 창피한 일은 그 한심한 구조 속에서 각성의 능력이 없이 시스템의 부유물처럼 표류한 우리의 고급 인재들이다. 그 어렵다는 고시를 통과하고 박사 학위를 가진 영재들의 자멸(自滅)과 자패(自敗)다. 이런 사람들이 나랏일을 맡고 있었다. 공과 사도 구분하지 못하고, '강남 사는 한 아낙네'에게 굽실거리는 대한민국의 고급 인재들을 목도했다. 그 사건을 비판하고 부끄럽게 여기는 비슷한 수준의 다른 인재들이 그 자리에 있었다면, 공사를 엄격히 구분하는 다른 태도를 보였을까? 그러지 않고 비슷했을 가능성이 크다. 문제 아닌가? 결국 지성의 파멸이다.

문제 없는 부부도 없고, 문제 없는 국가도 없다. 문제 있는 것이 문제가 아니라, 문제를 미래적으로 풀지 못하는 것이 문제다. 중요한 것은 문제를 다루는 능력이다. 모든 발전은 문제를 해결해가는 노력의 결과다. 문제를 다루는 능력을 발휘하면 얼마든지 전화위복의 계기로 삼을 수 있다. 어떻게 하느냐에 따라서 이번에 터진 사건을 국가 흥성의 계기로 삼을 수도 있다. 다만 그전에 해왔던 방식이나 자신에게 익숙한 프레임으로 해결하려 덤빈다면, 이 사건의 소용돌이에 묻혀 과거로 다시 돌아가는 우를 범하게 될 것이다. 고리타분한 원로들이 다시 등장하는 일이 있어서는 안 된다. 젊더라도 과거의 프레임에 갇힌 사람은 제외되어야 한다. 낡고 지친 피를 젊고 새로운 피로 바꾸는 도전이 필요하다. 결국 사람이 바뀌어야 한다. 이렇게 하여 우리가 이루어온 직선적 역사 발전의 탄력을 다시 살려내면서 기필코 선진화의 새로운 비전을 세운다는 기본 원칙 위에서 이 문제를 다룬다면 빛이 보일 수도 있겠다. 어차피 바닥을 친 것 아니겠는가?

최진석의 대한민국 읽기

정치의 상승을 바라다

'호랑이에게 물려 가도 정신만 차리면 산다'는 말이 있다. 의식을 잃지 말라는 뜻 정도겠지만, 여기서 정신이 함축하는 의미의 넓이나 깊이는 좁지도 얕지도 않다. 백 년 가는 기업은 거의 없다. 하지만 수백 년 가는 대학들은 있다. 기업과 대학 사이에 무슨 차이가 있어서 그럴까? 정신이다. 기업에서는 정신보다 이익이 큰 비중을 차지하고, 대학에서는 이익보다 정신이 큰 비중을 차지한다. 정신을 유지하는 대학이 이익을 추구하는 기업보다 길게 가는 이유다. 기업들 사이에서도 철학이나 비전과 같이 정신적인 가치로 결속된 기업이 그렇지 않은 기업보다 더 성장하고 오래간다. 대학들 사이에서도 차이가 난다. 자본이 정신의 지배를 받는 대학은 성장하고, 정신이 자본의 지배를 받는 대학은 쪼그라든다. 자본의 의미와 가치를 소홀히 본다는 것이 절대 아니다. 정신이 있느냐 없느냐, 정신을 차리느냐 안 차리느냐는 수명과 성취에 거대한 격차를 만든다. 하지만 본질을 지키는 일에 훈련되지 않은 채 기능에 빠진 삶을 살다 보면 이런 사실을 알기 어렵다.

목표에 집중하는 삶과 목적에 집중하는 삶 사이에도 큰 격차가 난다. 목표와 목적 사이에 있는 차이는 다름이 아니라 정신이 어느 만큼 큰 비중을 차지하느냐로 결정 난다. 학생도 꿈을 가진 상태에서 공부하는지 아니면 그냥 성적이나 대학 합격을 전부로 생각하는 상태에서 공부하는지가 인생 전체의 격차를 만들 수 있다. 알기 쉽지 않지만, 정신을 차리느냐 안 차리느냐가 모든 일의 질과 양을 결정한다. 오죽하면 호랑이에게 물려 가도 정신만 차리면 살겠는가? 정신은 꿈이기도 하고, 비전이기도 하고, 목적이기도 하고, 본질적인 가치이기도 하고, 사상이기도 하다.

정치가 정치답지 않다

모든 일에는 사상 무장이나 의식화가 관건이다. 특히 정치의 영역에서는 그 효과가 다른 것들보다 더 직접적이다. 한국당과 민주당 사이에 말들이 많다. 민주당의 독주에는 헌법 정신마저도 눈 아래로 깔아뭉개는 무지와 오만이 보인다. 자신이 타도하려고 했던 대상들에게 덮어씌웠던 모자를 자신이 그대로 다시 쓰는 반항아적인 면만 남고 혁명가의 수준에 닿는 면모는 없다. 민주당은 또 하나의 복고 정당이지 미래를 지향하는 정치 세력은 이미 아닌 것 같다. 물론 한국당도 탐욕과 무능과 복고 이외에 무엇이 남았는지 알 길이 없다. 한국당이 얼마나 반시대적인가 하는 비판은 날을 새고 해도 다 하지 못할 정도다. 미래를 향한 정치 복원이라는 점을 놓고 볼 때, 둘 다 수준 이하인 것은 맞다. 선뜻 나라를 맡길 만한 정당이 하나도 없다는 것이 지금 우리의 비극이다. 다른 군소 정당들 가운데도 이보다 나은 정당이 없다.

더 깊이 들여다보면, 우리나라에는 정당다운 정당이 있어본 적이 없다. 이 글을 쓰는 2019년 현재, 자유한국당의 나이가 겨우 세 살이다. 더불어민주당의 나이는 이제 고작 네 살이다. 대한민국 정당들은 다 이렇다. 왜 이리 수명이 짧을까? 정신은 없고 기능만 있기 때문이다. 기능 속에서 이뤄지는 정치 행위가 기능 이상을 넘어서지 못하는 것이 근본적인 문제다. 정치의 복원은 제대로 정신을 갖춘 정당이 출현해야 비로소 시작될 수 있을 것이다. 지금 있는 정당들은 어떤 정당도 아직 정당답지 않다. 정당답지 않은 정당이 하는 정치가 정치다울 수 없는 것은 당연하다. 아직 우리는 정신을 가진 단계에 이르지 못했다.

본질적 가치를 지향하지 못하는 정당

둘 다 이런 상황인데도 언론에 공개되는 더불어민주당과 자유한국당의 지지율은 큰 차이가 난다. 이런 지속적인 차이도 사상의 유무, 즉 정신의 유무가 결정한다. 민주당에는 그것의 내용이 무엇이든 간에 당의 결속을 강화하는 접착제로서의 정신이 있다. 주체사상이다. 아니면 최소한 주체사상의 경험이거나 기억이다. 주체사상 속에서 살았던, 주사파로서의 활동 기억을 가진 사람들이 당의 핵심을 장악하고 권력의 중추를 맡게 된 것은 일의 형편상 당연하다. 대한민국 권력에 주체사상의 흔적이 있고, 주도 세력이 주사파인 것이 황당한 일이지만, 현실은 그렇다. 국민들도 기능을 살았지 본질을 살아보지 못했기 때문에, 사상의 내용이 무엇인지, 그것이 우리에게 어떤 의미인지 따질 사고력은 마비된 지 오래다. 정치꾼들이나 국민의 대다수가 모두 진영에 갇혀 핏발을 세우느라 사고력을 상실했다. 심지어 지식의 양이 많은 사람들은 오히려 진영의 선봉대 역할을 한다. 논리나 가치를 살피는 세심한 지성은 거세되었다. 어쨌든 민주당에는 접착제로서의 사상 혹은 그 사상의 기억이 공유되고 있다. 이것이 지금 민주당의 현실적인 힘이다. 한국당에는 사상이 없다. 비전도 없고 상황에 대한 최소한의 인식 능력도 없다. 정신이 없는 것이다. 사상 내용의 선악이나 심천(深淺)은 나중 일이다. 우선은 사상이 있느냐 없느냐다. 사상 무장이 된 그룹이 있는 집단과 그것이 없는 집단의 싸움은 싸우기도 전에 이미 승패가 정해져

최진석의 대한민국 읽기

있는 꼴이다. 접착제를 바른 덩어리를 접착제를 바르지 않은 덩어리가 이기는 일은 없다.

정상적이거나 어느 정도 수준이 되는 정치 환경이라면 한국 상황에서 야당 통합은 이치상 불가능하다. 하지만 그 정도 수준이 되지 않은 정치 환경에서는 통합이 되기도 할 것이다. 기능적인 사고를 하는 사람들끼리는 그 수준에 맞는 연대를 대단한 것으로 보기도 하기 때문이다. 우리나라는 이제 통합이 될 수도 있는 수준의 정치 환경이다. 그러나 이런 수준에서는 통합이라고 해봐야 정신적 접착제를 바르지 않은, 기능적인 통합 이상이 되기 어렵다. 상황에 밀려 억지로 하는 기능적인 통합이기 때문에 별 의미도 없고 사후에 다시 흩어진다. 당이 깨지고 모이고 하는 일에서 기능적인 동작을 넘어선 어떤 정신적인 가치나 사상의 빛을 발견할 수 없다. 종내에는 다 헛일이 되지 않을 수 없다. 그러나 이것이 우리가 지금까지 닦은 실력이다. 어떤 사람이 되고 싶은지, 어떻게 살다 가고 싶은지, 무엇을 원하는지 묻지도 않은 채 우선 공부만 열심히 해서 성적을 올리라고 계속 강요해왔던 우리 교육의 결과다. 기능적인 삶을 사는 것만 배웠지, 본질적 가치를 지향하는 더 높은 삶을 사는 훈련을 받지 못한 것이다.

정치의 한 단계 상승을 위하여

새로 등장하려는 정치 세력도 마찬가지다. 이대로는 안 된다는 의식은 강하지만, 우리가 나아가야 할 방향을 가리키는 사상까지는 마련할 능력이 못 된다. 고작 좌파인지 우파인지 커밍아웃하는 정도로 자신들이 내건 깃발의 진실성을 표현할 뿐이다. 이런 것이 아니면, 기능적인 문제 해결을 주장할 뿐이다. 본질적 가치나 사상의 추구 혹은 꿈을 꾸는 일보다는 눈앞에 닥친 기능적인 일을 가장 중요하게 다루라고 교육받은 결과다. 정치는 정책으로 실현된다. 새로운 인재 영입도 복고적이거나 우스울 뿐이다. 정치의 본질인 정책 능력은 전혀 살피지 않고, 우리 편인지 아닌지, 대중에게 인기가 있는지 없는지와 같은 기능만을 살피고 있다. 본질적 가치를 추구하는 삶을 배우지 못했기 때문이다. 지금까지 벌어진 상황으로 볼 때, 공부를 왜 하는지 묻지도 않고 성적만 추구했듯이, 정치를 왜 하는지 묻지도 않고 표만 구하는 일들이 여전할 것이다. 그러면 우리는 계속 늪에 빠진 채 살 것이며, 국가의 비효율은 계속 쌓여만 갈 것이다.

새로운 정치 세력의 출현을 기대하고 시도하는 일들이 매우 활발해진 것 같다. 그러나 기능적인 새로움은 이제 새로움이 아니다. 시대의 급소를 겨누는 사상의 접착제가 발린 정치집단의 출현이 시급할 뿐이다. 지금 우리는 중진국의 함정을 벗어나 한 단계 상승해야 하기 때문이다. 우리를 늪에 가두고서 거기가 늪이 아니라고 하는 거짓말에는 이제 지쳤기 때문이다.

촛불은 정말 혁명인가

말과 진실의 맞물림

문학 비평가 황현산의 다음 말이 들을 만하다.

"기업에 분식 회계가 있듯이 우리의 정치판에는 분식 담론이 있었다고 해도 지나치지 않을 것이다. 말과 진실이 맞물리지 않아서, 혼탁한 정치 위에 허망한 말들이 위험한 다리처럼 걸려 있었다. 차라리 말이 진실을 감추고 있었기에 우리가 불행한 세월을 오랫동안 눈감고 견딜 수 있었다고 자위해야 할지도 모를 일이다. 삶을 개혁한다는 것은 말들이 지니고 있는 힘의 질서를 바꾼다는 뜻도 된다. 개혁의 시대에는 열정을 지닌 개인의 과격한 언어들이 밑바닥 진실의 힘을 업고 관행의 언어들을 압도하기 마련이다. 그러나 이런

저런 개혁 프로그램들이 한때 무기로 삼았던 과격한 말들에 스스로 발목이 잡혀 무산되고 말았던 예를 우리는 자주 보아왔다. 그래서 진실을 꿰뚫으면서도 해석의 여지와 반성의 겨를을 누리는 새로운 문체의 개발이 개혁의 성패를 가름하게 될 것이라고 말함직도 하다."《밤이 선생이다》, 200쪽)

느긋하지만 날카로운 문체 안에 말과 정치의 관계를 잘 새겼다. 개혁은 낡고 익숙한 문법을 생경한 새 문법으로 교체하려는 과격한 시도다. 혁명은 그보다 더하다. 새 문법을 기대하면서 익숙한 문법 자체를 해체해버리는 야만에 가까울 정도로 과격한 행위다. 결국 문체의 성공적인 개발이 혁명이나 개혁의 완성도를 증명한다. 여기서 핵심은 말과 진실의 맞물림 정도다.

2500여 년 전, 공자는 벌써 말한 적이 있다. 자로가 공자에게 물었다. "위나라 왕이 선생님을 모시고 정치를 한다면, 선생님께서는 가장 먼저 무엇을 하시겠습니까?" 공자가 대답한다. "반드시 말을 바로잡겠다." 이것이 그 유명한 공자의 '정명론'이다. 말과 진실의 일치 혹은 개념과 대상의 의미적 일치를 정치가 제대로 돌아가기 위해서 먼저 해야 하는 가장 중요한 일로 다룬다. 말과 진실의 맞물림이다. 공자는 이것을 "군주는 군주답고, 신하는 신하다우며, 아비는 아비답고, 아들은 아들다우면 된다"고 표현했다.(《논어(論語)》, 〈안연편(顏淵篇)〉) 군주 역할을 하는 사람은 군주라는 이름에 담긴 의미를 그대로 구현하고, 아비는 아비라는 말에 담긴 역할을 충실히 수행하는 것이 정치의 요체라는 뜻이다. 말과 진실 혹은 이름(개념)과 대상의 일치가 바른 정치의 출발이다. 그렇지 않으면 "말이 의미를 잃어 사리에 맞지 않고, 말이 사리에 맞지 않으면 일이 이루어지지 않으며, 일이 이루어지지 않으면 사회의 질서와 기풍이 살아나지 않고, 사회의 질서와 기풍이 살아나지 않으면 형벌이 적절하지 않게 되고, 형벌이 적절하지 않으면 백성들은 어떻게 행동해야 할지 모르게 된다."(《논어》, 〈자로편〉) 말과 실천의 일치로 비롯되는 진실을 살리는 일이 일어나지 않고서는 어떤 정치적 과업의 완성도 기대하기 어렵다. 일이 이루어질 수 없는 것이다. 구성원들이 어떻게 해야 할지 잘 모르는데, 어떻게 일이 효율적으로 수행되겠는가? 단순히 일의 성취에 머무르는 것이 아니라, 백성들이 어떤 태도를 취해야 할지 모르게 되어 국가는 비효율 속으로 빠진다. 공자는 이어서 말한다. "진정한 리더는 말한 대로 해야 한다. 그 말에 대해서 구차하게 변명하는 일이 없어야 한다." 말대로 되면 굳이 길게 설명할 필요가 없고, 말대로 안 되면 설명이 길어질 수밖에 없다. 구차해지는 것이다. 구차한 설명을 하기 시작하는 시점과 일이 비틀어지기 시작하는 시점은 절묘하게 일치한다.

촛불은 이제 혁명이 아니다

우리는 혁명의 시대를 산다. 혁명이라는 개념 규정 안에 있다. 정권 자체가 혁명을 토대로 등장했다 하고, 그것을 스스로 '촛불혁명'이라고 말한다. 혁명은 '명(命)'을 바꾼다는 뜻이다. '목숨 정도의 높이에 있는 것[命]'을 바꾸는 일이다. 한나 아렌트의 용어를 차용하면, 혁명은 이를 위해 '야만'과 '새로운 시작'이라는 두 터널을 통과한다. 야만에 빠졌다가 과감하게 빚은 새로움으로 정치 사회의 핵심 구조나 비전 혹은 어젠다가 전혀 달라진다. '명'은 단순한 '기능'들과는 차원이 다르다. 오히려 기능들을 생산하는 틀에 가깝다. 틀이 바뀌지 않으면 혁명이 아니다. 그래서 틀을 바꾸면 혁명이고, 그냥 기능을 바꾸면 반항이다. 18세기 영국에서 일어난 산업 변화의 새로운 흐름에 '혁명'이라는 단어를 붙여 '산업혁명'이라고 부르는 이유는 그 새로움이 세계의 틀을 완전히 바꿔놓았기 때문이다. 영주와 농노로 구성된 사회의 계급 틀이 자본가와 노동자로 바뀌고, 그러면서 전혀 생경한 정치적 욕구가 분출되어 정치 구조 자체를 바꿔놓았기 때문이다. 노동운동이 주요한 정치 행위로 등장하고 도시화가 이뤄졌다. 사람이 사는 지향이나 틀 자체가 전면적으로 달라진 것이다. 기능이 아니라 틀이 바뀌었기 때문에 혁명이다. 프랑스혁명이나 미국혁명이 다 그렇다. 혁명이라는 말과 그 진실이 맞물리면 틀이 바뀌고, 맞물리지 못하면 기능만 헤집는다. 기능만 헤집으면서 혁명이라고 주장하면 과격한 언어를 구사하는 몇몇 개인만 정의와 진실의 이름으로 빛나고, 많은 국민은 손발을 어디다 둬야 할지 가늠하지 못해 혼란과 비효율 속에서 고통받는다.

이런 이치로 보면, 촛불은 이제 혁명이 아니다. 촛불혁명은 실패했다. 이 말을 하면서 나는 내 친구들과 선배들과 지인들의 흔들리는 눈빛이 떠오른다. 그들의 눈빛이 무섭기도 하지만, 그래도 이제는 혁명이 아니라고 말을 하는 것이 혁명을 추스르는 기회라도 가질 수 있을 것 같다. 2016년 12월 31일, 촛불을 들고 광화문에서 대오를 이루다가 함께 새해를 맞은 기억이 있는 주위의 많은 눈빛을 떠올리는 것은 더 괴롭다. 그러나 말할 수밖에 없게 되었다. 시간을 일 년 반 보내고 난 지금, 촛불은 이제 혁명이 아니다. 이제는 말과 진실이 뒤틀려가는 것을 똑바로 보는 것이 오히려 혁명의 한 행위다. 그리고 말과 진실의 맞물림을 최대한 구현하려고 다시 몸부림쳐야 한다. 그래야 제한된 범위에서나마 "사회의 질서와 기풍을 되살리고 형벌의 적절성을 회복해서 국민이 어떻게 행동해야 할지" 알게 할 수 있다. 그렇게 해야만 혁명으로 국리민복(國利民福)을 이룰 수 있다.

진영을 넘어서야 한다

권력의 방송 장악과 정상화는 사실 종이 한 장 차이다. 쉽게 구분이 안 된다. 과거 권력에 장악된 방송을 정상화한다고 말하면서 소위 정의롭지 않은 사람들을 내치고 정의로운 자기 사람들로 채워놓기만 한다면 다른 유형의 방송 장악일 뿐이다. 틀은 그대로 두고 사람만 바꾸는 기능적 교체로 완수된 혁명은 여태 없었다. 이전 정권의 낙하산을 내치고 새 낙하산으로 채우는 것이 혁명일 수는 없다. 낙하산을 꽂아야만 하던 틀 자체를 없애는 것이 혁명이다. 낙하산 꽂는 행위 자체를 안 하는 것이 혁명이다.

박근혜 정권의 국정 농단은 청와대가 발원지였다. 소위 '문고리 권력'이다. 집권 내내 국가 운영을 내각에 맡기지 않고 청와대가 독점했다. 국가 운영에 사용되는 정보가 매우 제한된 범위에 갇혀 있다 보니 힘의 불균형이 초래되고 결국 농단으로 이어졌다. 이렇게 되면 시정에 청와대 수석의 이름만 회자되고, 장관의 이름은 아는 사람 하나 없다. 문재인 정권도 별반 다르지 않다. 지금껏 내각은 없고 청와대만 있다. 이전 정권과 구조상 별반 다름없이 같은 틀로 운용한다면 혁명이 아니다.

박근혜 정권 동안 청문 보고서를 채택하지 않은 채 임명된 장관이 아마 열 명일 것이다. 당시 민주당은 이를 거세게 비판했다. 문재인 정권에서는 일 년 반 만에 헌법 재판관이나 KBS 사장을 합쳐 벌써 열 명을 넘었다. 같은 사안을 놓고 타도했던 정권의 행태와 달라진 것이 없다. 말과 진실의 맞물림이 없는 것이다. 인사가 매우 제한된 범위에서 이뤄지는 병폐도 그대로다. 이명박 정권의 인사 문제를 '고소영(고려대, 소망교회, 영남)'으로 줄여 불렀고, 박근혜 정권의 인사 문제를 '성시경(성균관대, 고시, 경기고)'으로 줄여 불렀듯이, 지금은 '캠코더(캠프 출신, 코드 인사, 더불어민주당 출신)'라고 한다. 다 본질보다는 기능을 선택하는 처사다. 구조적인 면에서 서로 간에 다름이 없다.

진영을 등에 업고 정권을 잡은 다음에는 진영의 크기와는 비교할 수 없이 큰 국가를 맡아야 하기 때문에 진영을 넘어서는 인사를 해야 하는 것이 당연하다. 정치인으로서 들고 일어나 권력을 잡은 다음에는 반드시 국가 경영자로 변신해야 하기 때문이다. 국가 경영은 진영의 대표자라는 자기 인식을 넘어서는 것에서 시작된다. 인사가 진영이라는 제한된 범위 안에서만 이뤄지는 것이 적폐였다. 혁명이라면 이 진영의 인사 폭을 저 진영의 인사 폭으로 바꾸고 말 것이 아니라, 진영의 범위 안에서 인사를 행하는 관행 자체를 깨부수어야 한다. 그러나 아직까지는 타도했던 정권과 다르지 않다. 틀은 바꾸지 않은 채 사람만 바꿔서 이뤄지는 혁명은 없다. 혁명은 기능이 아니라 틀에 있다.

문재인 대통령은 취임사에서 "한 번도 경험하지 못한 나라를 만들겠다"고 했다. 혁명이란 말에 매우 부합하는 표현이다. 우리가 한 번도 경험하지 못한 나라는 우리가 경험한 후진국이나 중진국이 아니라 바로 선진국이다. 중진국까지는 선진국이 만든 틀에 들어 있는 이 기능 저 기능을 수행한다. 이 기능 저 기능들 안에서 좀 더 잘하면 일등이다. 전술적 단계다. 선진국은 기능을 담는 틀 자체를 만든다. 틀을 만들어 새로운 흐름을 이룬다. 이것은 일등이 아니라 일류다. 전략적 단계다. 우리에게 혁명은 이 기능에서 저 기능으로 수평 이동하는 것이 아니라, 기능들이 활동하는 단계 자체를 뛰어넘어 '틀'의 높이로 수직 이동하는 것이어야 한다. 이것이 시대 의식에 맞는 혁명이다. 중진국까지는 기능이 중요하다. '따라 하기'가 바로 그것이다. 그러나 따라 하기를 넘어선 단계에서는 '말[言]'의 무게를 인식한다. 기능을 위해 말을 포기하지 않는다. 말과 진실의 맞물림이라는 본질적인 높이를 작게 보고 당장의 권력 응집력이나 진영 내의 권력 분배라는 기능적인 면을 더 크게 보는 실력이라면 말을 잠시 포기할 수밖에 없다.

  이렇게 본다면, 촛불혁명이라는 말이 진실과 맞물리지 않기 시작한 것은 정권 초기부터였다. 문재인 대통령은 혁명을 완수할 첫 번째 기회부터 허망하게 날려버렸다. 즉, 다른 사람들의 압박에 의한 것이 아니라, 스스로 천명한 인사 5대 원칙을 시작부터 지키지 않은 것이다. 인사 5대 원칙만 지켰어도 국가의 틀이 달라질 수 있었을 것이다. 그 이전에는 없던 인사의 틀로 상층부를 채운다는 것 자체가 혁명적일 수 있기 때문이다. 기능에 갇혔던 이전과 달리 말의 무게를 실현하여 새로운 틀을 형성할 기회였는데, 잘 살리지 못했다. 본질보다 기능을 먼저 선택하는 것을 성실한 삶으로 간주하는 실력에 갇혀 있다.

철저한 자기반성, 지금부터라도

시간이 지날수록 이전 정권과 점점 닮아간다는 비판적인 언사를 하는 사람이 늘고 있다. 이번 정권도 실수에 대하여 비판이 심해지자 슬슬 '흔들림 없이 호시우보(虎視牛步)하겠다'거나, '지지율 등락에 일희일비하지 않겠다'거나, '적폐 세력의 준동이 시작되었다' 같은 말들이 나오기 시작하는데, 이런 말들은 그 전에도 수없이 있었다. 매우 닮았다. 사실 우리가 가진 익숙한 실력으로는 서로 닮지 않기가 더 어렵다. 독립적인 생각을 주인 삼아 살기보다는 다른 사람이 한 생각의 결과를 수용하며 살았고, 내 철학을 갖기보다는 다른 철학을 수입하여 그것을 내면화하느라 애쓰면서 살았고, 인격적인 질문보다는 기능적인 대답에 익숙하게 살았고, 목적보다는 목표를 수행하느라 애쓰면서 살았다. 과학적이기보다는 감성적이었으며, 실제 효과보다는 도덕이나 이념적 기준을 중시하며 살았다. 전략적인 삶이 아니라 전술적인 삶을 살아온 것이다. 본질보다는 항상 기능이 앞선 삶을 살아왔다. 그러다 보니 우리는 기능의 구현에 더 익숙하다. 본질과 기능 사이에서 선택을 강요당할 때, 우리의 눈은 아직 기능을 더 많이 찾는다. 당연히 그동안 우리의 삶 자체가 '말'의 높이에 있었다기보다는 그저 기능의 단계에 있었던 것이다. 기능적으로 살았으니 기능적인 활동을 하기가 더 쉬운 것은 당연한 이치다. 이런 큰 틀에서 보면 서로 대립적인 정치 집단이라 해도 익숙한 같은 높이에서 같은 수준의 행위를 하고 있을 뿐이다. 자신들은 매우 대립적이고 다르다고 하지만, 사실은 두 형제 간에 다른 색깔의 옷을 입고 있을 뿐이다. 닮지 않을 수 없다. 그런데 서로 닮은 삶의 과정은 진화가 아니라 정체다. 혁명이 아니라 반항이다. 차라리 두 형제를 모두 버리고 새 입양아에게 집안을 맡긴다면 혁명일 수 있겠다.

반항은 과거를 고집하고 과거와만 싸우는 속성이 있고, 혁명은 새로운 시작이라는 사명을 실현하기 때문에 미래를 향하는 속성이 있다. 혁명이라는 말이 진실과 제대로 맞물리지 않으면, 혁명이라고 말하면서 사실은 반항하는 것일 수 있다. 문재인 대통령은 "한 번도 경험하지 못한 나라를 만들겠다"고 말은 했지만, 아직까지는 줄곧 과거에 머물러 있을 뿐이다. 과거에 갇혀 있다. 미래의 담론을 형성하지 못한 채, 과거를 다루는 데 온 역량을 집중하고 있다. 미래를 위해 과거를 희생시켜야 하는데, 과거를 위해 미래를 희생시키는 것은 아닌지 모르겠다.

　과거의 규제로 미래의 산업을 재단하고 있다. 최근 언론에 '한국 탈출'이라는 단어가 자주 나온다. 국적을 포기하는 사람이 10년 이래 최고로 늘었고, 기업들은 새로운 사업을 시작할 수 없을 정도로 심한 규제에 발목이 묶이기 때문에 차라리 해외로 나가는 실정이다. 새로운 유형의 의료 산업이나 자율 주행 자동차 산업도 국내에서는 새로 펼칠 형편이 아닌지 모두 밖으로 나간다. '한 번도 경험하지 못한 나라'는 말 그 자체로도 과거형 국가가 아니라 미래형 국가다. 규제에 갇힌 나라가 아니라 미래를 위해 규제를 '혁명'하는 나라다. 우마차의 과거 이익을 지켜주기 위해 새로 발명된 자동차의 미래 이익을 막은 결과 자동차 산업의 주도권을 프랑스와 독일에 빼앗긴 영국의 예를 모르지 않을 것이다. 혁명의 진실은 과거가 아니라 미래에 있다. 혁명의 야만성은 질기고도 질긴 과거를 뿌리치는 투쟁에서 나오지, 미래를 막는 일에서 나오지 않는다. 그래서 혁명은 야만적 투쟁으로 새로운 시작을 할 수 있게 한다. 새로운 시작이라는 이 역사적 성취 때문에 야만성도 비로소 문명의 인정과 환영을 받는다.

　혁명이라는 한마디가 구현하는 '말과 진실의 맞물림'은 '한 번도 경험해본 적 없는 나라'를 향한 것이자 '더 나은 삶'을 향한 것으로서 그 여정 자체가 혁명적이어야 한다. 그것은 바로 같은 단계에서 이동하는 수평적 변화가 아니라, 더 높은 단계로 상승하는 수직적 변화다. 말과 진실이 맞물리는 매우 도전적인 삶이다. 이제 말의 무게를 알아야 할 때다. 가지고 있던 익숙한 시선 안에 갇히지 않고, 그 너머를 과감하게 꿈꾸는 과격한 도전이 시작되어야 한다. 철저한 자기반성! 지금부터라도 하면 된다.

역사의 진보는
필부들의 몫이다

박근혜 국정 농단 사태의 의미

중국 명나라 말기부터 청나라 초기까지 활동한 고염무(顧炎武)
라는 사상가가 있다. 명의 멸망과 청의 건립을 목도한 그는 《일지록
(日知錄)》이라는 책에 세상사 흥망에 관한 글을 남기는데, 나중에
양계초(梁啓超)가 그것을 '천하흥망 필부유책(天下興亡 匹夫有責)'이
라는 여덟 글자로 개괄했다. 천하의 흥망은 필부들에게 책임이 있
다는 뜻이다. 여덟 글자에서는 흥하고 망하는 일을 한꺼번에 말하
고 있지만, 개괄되기 이전의 전체 문장을 보면 주로 망하는 것에 초
점을 맞추었다. 고염무는 나라가 망하는 것과 천하가 망하는 것을
구분하여 말한다. 그것을 우리 사정에 맞춰 이해하면 정권이 망하

는 것과 나라가 망하는 것을 구분한 것 정도로 이해할 수 있다. 고염무에 따르면, 정권이 망하는 것은 그 정권을 쥐었던 엘리트들의 책임이지만, 나라 전체가 흔들린다면 이는 보통 사람 모두의 책임이다.

정권이 망하는 것과 나라가 흔들리는 것은 다르다. 정권은 나라 안에서 통치권만 장악하는 집단이므로 그 정권이 흔들린다고 해서 나라 전체가 흔들리는 일은 없다. 오히려 정권이 바뀌는 과정을 거치면서 나라는 역동적인 생태 환경을 유지할 수 있다. 다수의 필부에게 선택받지 못한 정권을 망한 정권이라고 할 수 있을 텐데, 이 경우에는 분명히 그 정권을 지탱하던 정치 엘리트들만 책임지고 물러난다. 그러나 나라가 흔들리는 일은 심각하다. 고염무도 말했듯이, 나라가 망한다는 것은 그 나라를 떠받치던 공통의 가치관이나 법질서가 믿음을 상실하고 흔들리는 일이다. 구성원 일부가 동요하는 경우와는 다르다. 구성원 전체가 중심을 잡기 어려워하며 비틀거린다. 지금 우리나라에서 벌어지고 있는 박근혜 국정 농단 사태는 바로 구성원 전체가 동요할 수밖에 없을 만큼 가치관이나 법질서가 중심을 잃었다는 점에서 나라가 흔들리는 정도의 큰일이다.

나라가 흔들리는 경우를 당하여 분노한 필부들은 촛불을 든 채 광장으로 모여든다. 그 분노는 썩은 최고 권부를 향해 있다. 썩어빠진 권부를 향해 정의의 분노를 발산하는 필부들에게 고염무는 말한다. "당신들 모두에게 책임이 있어!" 정의로운 이 필부들에게는 얼마나 황당한 말인가? 열심히 산 죄밖에 없는 필부들이 기득권 상층부의 부패로 흔들리는 나라의 운명까지 책임져야 한다니 황당하지 않겠는가? 부패하고 무능한 기득권층을 어떻게든 잘라버리고 당장 위로를 받아도 시원찮은데 말이다.

필부들은 무엇을 어떻게 해야 하는가

여기서 마음을 내려놓고 차분히 앉는다. 그리고 언젠가 누구에게서 들었던 이야기를 떠올려본다. "정치는 그 사회의 얼굴이다." 정치의 수준은 그 사회의 수준을 그대로 반영한다. 듣기 싫어도 이것은 사실이다. 청와대에서 박근혜와 최순실(개명 후 이름 최서원)이 벌였던 한심한 일들이 규모나 깊이는 다를지 몰라도 필부들의 세상에서 유사하게 벌어지고 있지는 않을까? 필부들에게까지 내려오지 않더라도 정치적 공격권을 가지고 있는 야당에서는 이런 유사한 일들이 벌어지고 있지 않을까? 장담하기 어렵다. 박근혜 국정 농단의 핵심은 국민이 마련해준 국가의 공적 시스템을 사용하지 않고, 사적인 관계에 있는 사람에게 권위를 주어 그 사람으로 하여금 오히려 국가 시스템을 임의적으로 사용하게 함으로써 국기(國紀)를 문란하게 한 것이다. 핵심은 공과 사를 구분하지 못했을 뿐만 아니라, 더 나아가 사적인 관계로 공적인 구조를 무력화해버린 데 있다. 우리 정치권에서는 당을 사적으로 운용하는 것이 줄곧 큰 문제가 되어왔다. 그래서 항상 사당화(私黨化)라는 비판이 나오는 것이다. 당의 공적 의사 결정이 왕왕 대표자 주위의 몇몇 사적인 인사에 의해 좌지우지되는 일은 비일비재하다. 역대 대통령들은 모두 권력을 사적인 맥락에서 운용한 것으로 호된 홍역을 치르곤 했다. 권력을 사적으로 사용하지 않은 대통령이 단 한 명도 없었다.

그보다 더 밑으로 내려와보자. 최순실의 딸 정유라의 성적 조작과 같은 일이 이화여대 외에는 정말 없을까? 그렇지 않다. 최근 광주의 어느 여자고등학교에서는 대학 수시 입학 전형에서 좋은 성적을 내기 위해 특정 학생들의 생활기록부를 임의로 수정하는 사건이 일어났다. 다른 학생들이 받지 못한 면접 관련 도움을 특정 학생은 여러 번 받기도 했다. 그런데 이런 일이 그 학교에서만 일어났겠는가? 부산의 어느 방송국에서는 무슨 이유인지 모르지만 임기가 아직 많이 남은 사장을 하루아침에 전격 교체하고, 전 사장이 했던 사업들을 모두 축소하거나 취소해버렸다. 정책의 일관성보다도 소유자의 입맛대로 하루아침에 사람을 교체해버리는 일은 어디서나 어렵지 않게 목격된다. 문화체육관광부 국장이 대통령 마음에 들지 않는다고 졸지에 쫓겨나는 일과 전혀 다르지 않다. 그 방송국 소유주와 박근혜 사이에 무슨 차이가 있는가? 지위의 높낮이 외에 차이가 없다. 그렇다고 이런 일이 그 방송국에서만 일어났겠는가?

고염무가 볼 때, 나라 자체가 흔들리는 일은 단순히 정치적 사건 때문이라기보다는 그런 사건이 일어날 수밖에 없도록 이미 조성되어 있는 나라 전체의 문화에 이유가 있다. 정치적인 개별 사건에 의해서는 겨우 정권이 바뀔 뿐이다. 그런데 어떤 사건이 나라의 틀을 뒤흔들 정도라면 이는 전체적인 문화적 행태에 뿌리를 두고 있는 것이다. 그런데 이 문화 구조에는 모든 필부가 참여하고 있다. 박근혜 - 최순실 국정 농단의 유형이 사회 어디서도 일어나지 않고 오직 청와대에서만 벌어진 사건이었다면 문제는 오히려 간단하다. 문제가 엄중한 이유는 필부들이 살아가는 사회 곳곳에서 이런 유형의 일들이 언제나 목도될 수 있다는 점이다. 그래서 고염무는 나라가 흔들리는 일에 대해 필부들에게 책임을 묻는 것이다. 그럼 분노에 빠진 이 필부들은 무엇을 어떻게 해야 하는가? 답답한 일이다.

심재하라!

《장자》〈인간세편〉 첫 대목에 이런 이야기가 나온다. 제자 안회(顔回)가 스승인 공자를 찾아와 국권을 남용하며 난폭한 정치를 하는 독재자 때문에 도탄에 빠져 허덕이는 위(衛)나라 사람들을 구하기 위해 그곳으로 가겠다고 했다. 그러자 공자가 말한다.

"너는 거기에 가봤자 처벌이나 받고 말겠다. 원래 그런 일을 할 정도의 훌륭한 사람이라면 자기가 먼저 도(道)를 갖추고 나서 남도 갖추게 한다. 너는 갖추고 있어야 할 것을 갖추지 못하여 아직 불안 정한데 어찌 가능하겠느냐?"

안회는 자신이 그 일을 하려고 얼마나 높은 경지까지 수양했는지 구구절절 이야기하며 스승을 설득하려 애쓴다. 그러자 스승이 한마디를 더한다.

"그래서야 어떻게 상대방을 감화시킬 수 있겠느냐? 너는 아직도 자기 생각에 갇혀 있다."

안회는 갈수록 더 이해가 안 되었다. 결국 자신은 어찌해야 가능한지 도저히 알 수 없으니 방법을 알려달라고 간청한다. 그러자 스승이 말한다.

"심재(心齋)하라!"

이 말을 그대로 풀면 마음을 재계하라는 뜻이다. 자기 마음에 출입문을 세우지 말고, 보루도 쌓지 말며, 오직 자신 본바탕의 음성을 듣도록 자신을 준비시키라는 말이다.

스승은 심재의 방법을 좀 더 구체적으로 말해준다.

"잡념을 없애고 마음을 통일하라. 귀로 듣지 말고 마음으로 듣도록 하고, 마음으로 듣지 말고 기(氣)로 듣도록 하라. 귀는 소리를 들을 뿐이고 마음은 밖에서 들어온 것에 맞추어 깨달을 뿐이지만, 기란 공허하여 무엇이나 다 받아들인다. 그리고 참된 도는 오직 공허한 상태에서만 모인다. 이 공허의 상태가 바로 심재다."

귀로 듣는 일, 마음으로 듣는 일은 아직 제한적인 자기 관점이 강하게 적용되는 단계다. 기로 듣는 단계는 이념이나 가치가 개입되기 전 세계의 가장 원초적 상태에 귀를 기울이는 것이다. 어떤 가치나 관념이 자리 잡기 이전 또는 자기만의 생각에 갇히지 않은 단계다. 이 단계에 도달해야만 순수 절정으로서의 자신으로 존재하게 되어 감화력을 갖는다.

어쨌든 전진해야 한다

자기만의 생각에 갇힌 사람이 하는 정의로운 활동은 대개 자기만의 생각에 갇힌 또 다른 정의로운 사람과의 충돌일 뿐이다. 그러니 충돌만 존재하고 감화력은 생기지 않는다. 그러면 충돌에서 설령 이기더라도 정치적 승리로 그치고 만다. 정치적 승패는 상황을 같은 층위에서 반복하거나 뱅뱅 돌게 만든다. 승패의 교환만 계속되는 것이다. 그래서 정치 자체는 발전하지 않고 순환만 한다. 심재하여 자신만의 생각에 갇히지 않게 되어 감화력이 발동하면 우리는 정치적 승리에 그치지 않고 문화적 승리로 나아갈 수 있다. 필부 한 사람 한 사람이 심재하여 달라진다면, 필부들의 삶 자체에 진보적 방향성을 심어줄 수 있다. 필부들의 삶이 이루는 구조와 방향성을 우리는 문화라고 하지 않는가? 필부들이 삶을 꾸리는 일상의 현장에서 작은 '박근혜 – 최순실'들이 사라져야, 청와대의 '박근혜 – 최순실'이 다시는 일어나지 않을 것이다. 그렇지 않으면 다른 형태의 박근혜 – 최순실이 또 등장할 수밖에 없다. 필부들이 채우는 삶의 현장이 바로 그 나라의 문화고, 한 나라는 그 문화적 수준을 벗어나지 못한다. 답은 필부들이 활동하는 일상의 공간에 있다. 일상의 정의가 나라의 정의를 결정하는 것이다.

필부들에게 책임을 묻는 것은 문화에 책임을 묻는 것과 같다. 문화를 구성하는 필부가 심재하는 것은 폐쇄적인 생각에 갇히지 않는 것과 같다. 심재한 필부는 폐쇄적 생각을 벗어났기 때문에 다른 폐쇄적 생각과 싸움을 벌이는 대신에 열린 태도로 시대의 흐름과 접촉할 수 있다. 그래야 비로소 우리는 과거와 벌이는 투쟁을 통해 시대 의식을 포착하여 미래를 기약할 수 있게 될 것이다. 박근혜 국정 농단과 같은 퇴행적 사건과 투쟁하면서 잘못하면 덩달아 퇴행할 수 있다. 필부들의 각성이 특히 필요하다. 우리는 어쨌든 전진해야 하기 때문이다.

3부

민주화 다음,
새 말 새 몸짓으로

우리 시대의 문제는 민주화인가

적중

세계는 찰나의 순간에도 가만히 있지 않고 쉼 없이 달라진다. 인간은 세계가 달라지는 속도와 폭에 적응해야 한다. 세계를 자신이 지배한다고 말은 할 수 있지만, 변화무쌍한 세계에 대한 적응의 효과가 크면 지배하는 것처럼 보이고 효과가 작으면 지배당하는 것처럼 보일 뿐이다.

그 적응의 효과를 어떻게 키울 것이냐는 거의 모든 인간 활동의 핵심 기반이다. 가장 효과 있게 적응하는 장면에 우리는 '적중(的中)'이라는 팻말을 건다. 스콜라 철학자들이 말하는 관조나 동양에서 말하는 중용은 이 적중을 제대로 완수하기 위한 태도이거나 관점일 뿐이다. '조용히 관찰하기[靜觀]'나 무심(無心)이나 무아(無我), 무위(無爲)도 그렇게 하면 훨씬 더 잘 '적중'할 수 있다는 점에서 의미가 있다. 모든 이론과 지식도 어떤 특별한 변화 상태를 제대로 포착한 지적 체계다. 역시 '적중'의 결과물들이다.

'적중'은 원래 과녁을 제대로 겨누어 맞춘다는 뜻이다. 한 나라가 발전하기 위해서는 겨누어야 할 과녁을 정확히 포착한 후 온 신경을 모아 거기에 역량을 제대로 집중시켜야 한다. 근대 초기 일본의 요시다 쇼인은 쇼카손주쿠라는 작은 학교를 세워 고작 2년 남짓 되는 기간 동안 90여 명을 배출한 후, 그들을 앞세워 산업화를 성공시킨다. 같은 시기 조선에는 수백 개 교육기관에서 수많은 젊은이가 밤을 새워가며 열심히 공부를 했으나 그렇게 작은 학교 쇼카손주쿠 출신들의 힘을 이기지 못하고 식민지가 되었다.

우리가 식민지가 된 이유는 그리 복잡하지 않다. 일본은 그 시대에 해결해야 할 실질적인 문제에 적중하여 부강해질 수 있었고, 우리는 그 시점에서 해결해야 할 실질적인 핵심 문제에 적중하지 못하고 그냥 하던 대로 주자학을 외우는 데만 힘을 기울이면서 헛발질을 했기 때문이다. 부강해지는 길을 가지 못하고 대내적으로나 대외적으로 위정척사만 부르짖었다. 사실, 지금도 우리는 위정척사

최진석의 대한민국 읽기

의 시절을 살고 있다. 배척과 반동의 시절이다. '적중'한 후에는 적중의 효과가 일정 기간 유지되는데 여기에도 생로병사가 있다. 시공간에 존재하는 것은 어떤 것도 영원할 수 없다는 큰 원칙이 있지 않은가? 당연히 '적중'이라는 성취도 정점을 찍은 후에는 부패와 부식과 권태라는 생명 활동을 피하지 못하고 점점 효력을 잃는다.

우리의 적중, 건국과 산업화 그리고 민주화

여기서 이 사실을 인정하는지 인정하지 않는지부터 스스로 물어보자. 그래야 다음 이야기를 감정적으로 대하지 않고 논리적으로나 지적으로 대할 수 있기 때문이다. 건국(정부 수립)이나 산업화는 우리나라의 성공 사례 가운데 민주화만큼이나 빛나는 봉우리들이다. 이 두 봉우리 없이 우리 기적의 역사를 말할 수는 없다. 건국이나 산업화 자체를 부정하는 사람과는 어떤 대화도 하기 어렵다. 건국이 빛나는 성취가 된 이유는 그 시대의 중심 문제였던 건국이라는 시대 의식에 적중했기 때문이다. 적중했다고 해서 건국이라는 주제만 계속 붙들고 있을 수는 없다. 적중한 후에는 어떤 것도 바로 과거가 되어간다. 건국은 빛나는 성취를 완수한 후에 바로 부식되기 시작하여 다음 시대로 이행해야 한다.

그래서 다음 단계로 이행하여 산업화라는 시대 의식에 적중한 후 우리는 또 빛나는 성취를 이룬다. 산업화에 적중하여 성취를 완수한 후에는 그것이 아무리 빛나는 성취라고 해도 부식을 피하지 못하니 또 다음 단계로 이행해야 한다. 우리는 그다음 단계로 과격하게 이행을 해서 시대 의식에 적중했다. 민주화라는 큰 봉우리를 또 쌓은 것이다. 지금의 시대 의식은 민주화 다음으로 이행하는 것이다. 민주화 다음으로 넘어가야 한다는 말에 기분이 나쁜지 아닌지를 우선 점검하자. 기분이 조금씩 나빠졌다면 당신은 지적이지 않다. 법과 논리보다 감정을 중시하는 인식의 초보적 단계를 벗어나지 못했다.

산업화를 넘어서기 위해서 산업화를 조금이라도 비판하는 것을 견디지 못하는 산업화 세력과, 민주화 다음을 말하기 위해서 민주화의 부식 내용을 지적하는 것을 견디지 못하는 민주화 세력 사이에는 논리적으로 아무런 차이가 없다. 물론 감정적으로는 큰 차이가 있을 것이다. 이것을 인정해야 다음 대화가 가능하다.

봄은 정점을 찍고 나면 바로 자신을 부정하는 준비에 들어간다. 이것이 봄의 성숙이고, 성숙한 봄의 격조다. 여름으로의 이행을 받아들인다. 봄이 자신의 성취와 정당성에 취해 여름으로 넘어가기를 거부한다면, 봄 자신이 반동으로 전락할 뿐 아니라 전체 자연의 진화를 망친다. 산업화 세력이 산업화에 취해 산업화의 정당성만 고

최진석의 대한민국 읽기

집하면 산업화 세력 스스로가 반동으로 전락할 뿐 아니라 나라 전체의 진보를 해치게 되는 것과 같다. 여름도 여름으로 완성되고 나면 바로 자신의 정당성을 고집하지 않고 가을에 자신의 자리를 양보한다. 그리하여 여름 자신의 명예를 지킬 뿐 아니라 종내에는 전체 자연의 완성에 기여한다. 가을은 자신의 정점을 찍은 후 바로 자신의 정당성을 겨울에 양보한다. 겨울도 마찬가지다. 사계절이 다 이렇게 성숙한 협력을 하면서 전체 자연을 항상 완성의 단계로 유지할 수 있다. 겨울이 자신의 정당성에 취해 봄으로 넘어가기를 거부하면, 겨울 자신이 반동으로 전락할 뿐 아니라 전체 자연의 진화를 망친다.

민주화 세력이 민주화 시대의 세계관에 취해 민주화의 정당성만 고집하면 민주화 세력 스스로가 반동으로 전락할 뿐 아니라 종내에는 나라 전체의 진보를 망친다. 지금 우리는 이 단계에 있다. 민주화는 부식하고, 새로운 어젠다는 세우지 못하고…….

이 시대의 문제나 의식에 '적중'하고 있는가

요즘 나는 문재인 대통령의 정치를 '자기 확신에 갇힌 몽환적 통치'라 비판하기도 하고, 민주화 세력들이 깃발을 찢어 완장으로 만들어 차고 다니는 것을 비판하기도 한다. 민주화의 부식을 지적하는 것이다. 그 이유는 여름이 자신의 정당성을 고집하느라 가을로 이행하기를 거부하면서 스스로 반동으로 전락하고 그 결과 전체 자연의 진보를 가로막는 것과 똑같이, 산업화 세력이 산업화의 정당성만을 고집하며 산업화 다음으로의 이행을 거부하면서 스스로 반동으로 전락하고 역사 발전의 장애물 취급을 받았듯이, 민주화 세력도 과거의 반동 세력과 전혀 다르지 않게 스스로 반동으로 전락하면서 나라의 진보와 진화를 가로막는 길을 가고 있기 때문이다.

지금 이 시대에 해결해야 할 가장 중요한 문제나 의식에 '적중'하지 못하고 자신의 성공 기억에 갇혀 자신과 국가의 시제를 미래화하지 못하고 과거화하는 것을 우려하는 것이다. 자신의 성숙과 격조를 스스로 포기하면서 부끄러움과 염치를 상실하는 것을 우려하는 것이다. 이 우려의 제일 앞에 대통령이 맹목적 지지자들과 함께 콘크리트처럼 굳건하게 서 있다. 자신이 자신에게 갇힌 형국이다. 모든 논리와 법은 사회적 활동에 필요해서 나온 생산물들이다. 인간이 사회적 동물이 아니라면 아무 필요 없는 것들이다. 자신이 자신에게 갇혀 고립되어 있다면 논리도 법도 굳이 필요하지 않다.

자신이 자신에게 갇혀 유기적 사회성을 잃으면 법과 논리는 필요치 않고 오직 감정이나 감각의 정체 없는 심리에 빠져 논리와 법을 무시하거나 거부한다. '내로남불'을 일상사로 삼거나 논리의 환각 상태에 빠지는 것이다. 이러면 국가의 진화나 진보를 가로막고, 결국은 내 삶이 피폐해진다. 지도층의 피폐한 삶은 전 사회를 피폐하게 한다. 나는 이것을 걱정하는 것이다.

비판자들을 제압하려는 논리의 환각 상태는 이미 만연해 있다. 이런 것들은 모두 감정적 악다구니일 뿐 전혀 논리가 아니다. '민주화 투쟁기에 당신은 무엇을 했느냐?'라고 묻는 입막음도 있다. 여기에는 그 시기만 우리가 살아야 할 시대라는 자폐적 우월감이 도사리고 있다. 여름에 절대 양보하지 않으려는 완고한 봄의 기세를 닮았다. 그리고 민주화 시기에 대오를 이루어 힘을 보태던, 이름을 남기지 못한 대중을 민주화의 소비재로 격하하고 도외시하는 자폐적 선민의식도 있다.

그때 그 시절이 다시 돌아왔는가

요즘 현 정부와 대통령에 대한 비판적 글을 쓰고 나면 그 아래 달린 댓글들 가운데 박근혜 대통령 때는 아무 소리도 안 하다가 왜 문재인 대통령만 갖고 그러느냐는 내용이 있다. 감정을 벗고 논리에 집중하면 사람은 치우치지 않는다. 완벽하지는 않더라도 사적이지 않고 공적인 태도를 유지할 수 있다. 감정은 사적이고 논리는 공적이다. 그러면 모두가 '최순실 게이트'라고 말할 때 사태를 비교적 빨리 '박근혜 게이트'로 정리하고 '본질은 박근혜 국정농단이다'라는 글을 발표할 수 있다. 이렇게 자기가 한 일을 예로 들어가며 글을 써야 하고 자신을 변명해야 하는 공포가 엄습하는 지금은 '문장의 수난 시대'나 '논리의 시궁창' 같은 시대다. 극복의 대상이었던 그때 그 시절이 다시 돌아왔다. 어느 코미디언이 전두환을 풍자하며 "왜 나만 갖고 그래?"라고 했는데, 이것은 논리와 법을 무시하고 감정에 휩싸이다가 불편해지면 누구나 쉽게 사용할 수 있는 말이다.

시험 중 부정행위를 하다가 발각된 학생이 "왜 나만 갖고 그래?"라고 반응했다면, 논리보다는 감정에 호소하여 논점을 흐려버리는 오류를 범한 것이다. 법무부 장관 시절 추미애가 "단순히 알 권리보다 조금 있다가 알아도 될 권리가 있을 것 같다"는 말로 당시의 상황을 지배하려 했다. 정말 민주화를 건너온 우리나라 법무부 장관이 한 말로 상상이 되는가? 이 말이 누가 했는지 모를 때는 화가 났는데, 추미애 장관이 했다는 말을 들으니 이해가 되고 수긍이 된다면, 당신은 아직 논리나 법보다는 감정의 단계에서 살고 있다. '조금 있다가 알아도 될 것'은 우리가 정할 테니 너희는 그냥 가만히 있으라는 독재적 태도다.

"대통령 측근을 수사할 때 검찰 개혁을 추진하는 건 수사 방해로

비친다." 이 말은 맞는 말인가, 틀린 말인가? 누가 한 말인지 몰랐을 때는 맞는 말처럼 들리는데, 문재인 대통령이 한 말인 것을 알고 나니 듣기 싫어지거나 틀린 말로 들린면 당신은 아직 논리보다는 감정에 빠져 있다. 임미리 교수를 고발하는 일이 정말 가능한 일로 보이는가? 이 일로 화가 나면 당신은 논리적이며 공적인 태도를 가지고 있을 가능성이 있다. 상황 논리로 이해하려고 애쓰고, 얼른 잠잠해지기를 기다리고 싶어지면 당신은 아직 감정을 극복한 상태가 아니다.

논리의 환각 상태나 감정의 지배를 벗어나지 못하고 있는 것이 왜 문제인가? 그것들에 좌우되는 한 우리는 이 시대에 해결해야 할 가장 중요한 문제에 적중할 수 없기 때문이다. 민주화 다음 단계는 선도력을 갖는 단계다. 과학의 단계이며 인문의 단계이며 논리의 단계이며 법의 단계다. 종속성을 벗어난 단계다. 더 독립적이고 더 자유스러운 단계다. 이 시대의 급소에 적중할 수 있는 능력이 감정인지 아니면 논리나 법인지 잘 살필 일이다. 민주화 다음으로 상승하는 진정한 혁명을 꿈꿔야 한다. 감정을 벗어나 논리력만 회복하면 할 수 있다.

지금 우리의 혁신은

2020년 새해가 밝았다. 대개 새해를 새로운 해나 새로워진 해라고 이해하지만, 난 여기서 멈추면 안 된다고 본다. '새로운'이나 '새로워진'은 상태를 형용하는 것 이상이 아니기 때문이다. 우리는 명사를 사는 것이 아니다. 삶 자체는 동사다. 모든 존재가 동사적 형태의 특별한 양태일 뿐이다. 돌도 집도 나무도 해까지도 모두 다 사실은 동사다. 삶은 명사적 상태로 정지하려는 것을 동사화하는 노력이라고 해도 된다. 그래서 나는 새해를 '새롭게 하는 해'로 받아들인다. 새로운 상태를 소유하는 것보다 새롭게 하는 동적 활동이 삶의 진실일 것이다. 새롭게 하려는 노력이 없이 느끼는 새로움은 다허구다. 허구를 피하고 진실에 참여하자.

탕왕의 세숫대야

리더는 보통 사람보다 진실의 양을 크게 가져야 할 뿐 아니라 진실의 폐활량이 더 커야 한다. 리더의 위치가 높으면 높을수록 이런 요구는 더 크고 강해진다. 고대 중국의 은나라 탕왕(湯王)이 그랬던 것 같다. 그는 자신이 매일 사용하는 세숫대야에다 진실의 폐활량을 키우거나 최소한 줄어들지 않게 할 요량으로 각성제를 새겨 넣었다. 《대학(大學)》에서는 그것을 이렇게 전한다. "일신일일신우일신(日新日日新又日新)" 인간이 인간으로 산다는 것은 새로워진다는 것이다. 삶이란 새롭게 하는 일 이상도 이하도 아님을 먼저 자신에게 각성시키려 애쓰는 통치자의 면모가 보인다. 수준 높은 통치자의 자세다. 최고의 위치는 최소한 이 정도가 되는 사람이 차지해야 한다. 각성제는 찾지 않고 하나의 의견만 붙잡고 멈춰 선 채 고집을 피우면 세상이 엉망진창이 된다. 새로워지려는 노력에 부가한 자신만의 진실의 양, 이것이 공적 자리의 높낮이를 결정해야 할 것이다. 여기서 나는 '진실'이라는 단어를 너무 많이 쓰고 있는 느낌이 든다. 내가 이 단어를 이렇게 자주 쓰는 데는 이유가 있다. 이런 각성제는 진실의 양이 얼마인가로 약효가 결정되기 때문이다. 더 나아가서는 탕왕이 세숫대야에 이 문장을 기록하면서 '진실'이라는 뜻을 맨 앞에다 새겼기 때문이기도 하다. 바로 '구(苟)'라는 글자로 '진실로'를 의미한다. 그래서 이 문장은 이렇게 완성된다. "구일신일일신우일신(苟日新日日新又日新, 진실로 날마다 새로워져야 한다)"

새로워지는 일에는 거짓이 없이 착실하고 철저해야 한다는 뜻이다. 왜 이렇게 새로워지는 일에 진실해야 할까? 새로워지는 일이 생명 현상이고, 그 생명현상을 제대로 하지 않으면 쪼그라들거나 죽을 수 있기 때문이다.

혁신은 상승하는 운동

새롭게 하는 일이 혁신(革新)이다. 자기를 가둔 가죽이나 껍질을 벗고 새로워진다는 뜻이다. 이것이 생명현상인 한, 새롭게 하는 일은 해도 되고 안 해도 되는 일이 아니라 해야만 하는 일이고 하지 않으면 안 된다. 이것이 탕왕이 세숫대야에 새긴 '진실로[苟]'의 의미다. 당연히 혁신은 어느 단계에서 수행해야 하는 하나의 과업이 아니다. 그런 과업이 잘 이루어지게 하는 유기체적 조건 같은 것이다. 혁신은 생명을 지닌 유기체나 조직이 움직이는 생명 활동이지, 생명 활동과 따로 하는 특수한 과업이 아니다. 철학자 프리드리히 니체(Friedrich Nietzche)는 뱀을 들어 이 점을 알려준다. "허물을 벗지 못하는 뱀은 파멸한다. 의견을 바꾸는 것을 방해받는 정신들도 마찬가지다. 그들은 정신이기를 그친다." 뱀은 일 년에 한두 번 허물을 벗으며 생명 활동을 한다. 그러나 뱀이 가시에 찔리거나 해서 상처를 입고 거기에 염증이라도 생기면 허물을 벗을 수 없게 되는데, 이런 뱀은 바로 다음 해에 죽는다. 껍질을 벗지 못하면 죽는 것이다.

구태의연한 생각에 갇혀 사고와 의식의 신진대사가 멈춘 것을 니체는 '의견을 바꾸는 것을 방해받는 것'이라고 표현했다. 생명 활동을 활발히 하는 정신으로서는 자격을 상실한 것이다. 그렇다면 정신력은 분명히 사유의 활발한 신진대사 능력을 말함에 다름 아니다. 사고의 신진대사가 막혔을 때 그것을 과격하게 뚫어서 생명력을 복원하는 일이 혁명이다. 사고의 신진대사가 막힌 상태에 갇혀 이리저리 수선만 피우는 일은 혁명이라 불리지 못하고 겨우 반항으로 취급될 뿐이다. 답답한 껍질을 벗어던져 새로운 생명현상을 출현시키면 혁명이고, 답답한 껍질을 벗지 못하고 그 안에서 무엇인가 소란만 피우면 반항이다. 혁명은 새로운 생명력을 주지만, 반항은 구태의연한 생명력으로 죽음의 시간을 아주 조금 지연시킬 뿐이다. 혁명은 진실의 언어가 채우지만, 반항에는 거짓말이 난무한다.

모든 생명현상에 혁신은 필수적이다. 그러나 동물과 인간의 혁신 사이에는 차이가 크다. 동물의 혁신은 반복하는 혁신이다. 할아버지 뱀이 허물을 벗듯이 비슷한 시기에 같은 방법으로 아버지 뱀도 허물을 벗는다. 아버지 뱀이 하던 그대로 아들 뱀이 허물을 벗는다. 손자도 다르지 않다. 같은 것을 반복한다는 점에서 동물의 혁신에 혁신이라는 간판을 달아주기는 매우 아깝다. 인간의 혁신은 상승하는 운동이다. 더 나아지는 것이다. 인간의 문명적이고 의도적이며 인위적인 혁신이 혁신이다. 정부 수립(건국) 단계에서 산업화 단계로 상승하고, 산업화 단계에서 민주화 단계로 상승하는 것이 혁신이었다. 정부 수립(건국) 단계를 맴돌거나 산업화를 맴돌거나 민주화를 맴도는 일은 혁신이 아니다. 혁신할 실력이 못 되어 껍질을 벗지 못하면 맴돌게 된다. 덧셈과 뺄셈을 할 줄 아는 학생이 다양한 형태의 덧셈과 뺄셈만 하고 있으면, 덧셈과 뺄셈의 껍질 안에서 맴도는 것이다. 이 학생이 곱셈과 나눗셈을 할 줄 알게 되는 것이 혁신이다. 덧셈과 뺄셈을 하던 학생이 방정식을 풀 줄 알게 되어야 혁신이 지속되는 것이며, 방정식을 풀 줄 알게 되었다고 또 이런저런 방정식 안에서 맴돌면 혁신이 멈춘 것이다. 방정식을 넘어 기하학의 세계로 진입하면 또 이것을 혁신이라 한다. 우리는 덧셈과 뺄셈을 넘어 곱셈과 나눗셈을 거처 방정식을 지나 기하학까지 부단히 상승해야 한다. 이것이 자연스런 혁신적 생명 활동이다. 일신일일신우일신(日新日日新又日新)이 진실로[苟] 진행되는 모습이다. 부단한 혁신만이 혁신이다. 혁신이 생명 활동이기 때문이다.

탕왕은 새로워져야 한다는 뼈대만 말했지만, 니체는 탕왕보다 조금 더 친절하게 살을 붙여 말한다. 좀 더 구체적인 언급이 있어서 내용과 방향을 가늠하기가 더 쉽다. 니체는 뱀의 생명 활동을 껍질을 벗는 것으로 말하면서 바로 의견을 바꾸는 것과 연결시켰다. 또 의견을 바꾸는 것을 정신 활동의 근본으로 본다. 정신이라면 최소한 정해진 곳에 붙박이처럼 멈춰 있지 않다. 이미 있는 지식이나 이론을 그대로 먹어서 누가 요구할 때 원래 모습 그대로 뱉어내는 일인 대답은 정신 활동의 근본에 닿지 못한다. 껍질을 벗는 일이 아니라 정해진 껍질 안에 머무르는 일이다. 궁금증과 호기심으로 무장하여 지금 아는 것, 지금 멈춰 있는 곳의 '다음'으로 이동하려는 욕망인 질문이 정신의 근본을 구현한다. 질문에는 부단히 껍질을 벗으려는 욕망이 작동한다. 대답하는 것에 익숙해지도록 훈련된 사람들은 혁신에 쉽게 나서지 못한다. 질문하는 것에 익숙해지도록 훈련된 사람들만 혁신에 훨씬 부담을 덜 느낀다. 질문 자체가 혁신적 활동이기 때문이다.

우리는 긴 시간 동안 질문보다는 대답에 익숙해지도록 훈련을 받았다. 그렇기 때문에 혁신해야 할 때 주저하며 제자리를 맴돈다. 혁명해야 할 때 반항만 하면서 그것을 혁명이라고 포장하며 제자리를 맴돈다. 지적 훈련을 대답으로만 하다 보니, 의견을 바꾸는 일보다는 한번 가진 의견을 지키는 것이 더 편하다. 그래서 대답하는 일에 익숙해지도록 훈련된 인재들은 과거를 살지 미래를 살지 못하는 것이다. 혁신이 바로 미래를 사는 연습에 다름 아니다. 사실, 우리의 현실은 혁신보다는 제자리를 맴도는 일을 하느라 멈춰 선 지 이미 오래다. 새롭게 하는 일을 멈추면 생명 활동이 멈추고 생명력이 고갈된다. 비효율이 쌓이는 것이다. 비효율의 두께가 효율의 두께를 넘어서면서 국가든 생명 유기체든 늙고 병들고 죽어간다. 낡은 사고의 껍질 속에 갇혀 있는 정신은 의견을 바꾸는 것을 방해하고 정

신이기를 포기하며 파멸한다는 니체의 말을 주의 깊게 들을 필요가
있다.

선진화의 길

인간의 혁신을 동물의 그것과 달리 상승하는 운동이라고 한다면,
지금 우리의 혁신은 무엇이어야 할까? 산업화 단계에서 혁신에 성
공하여 도달한 곳이 민주화인데, 민주화에 도달한 이래로 여태 민
주화를 맴돌고 있다. 혁신을 못 하고 있는 것이다. 민주화가 단단한
껍질로 변질된 것을 인정해야 한다. 의견을 바꾸는 것을 두려워하
지 않는 활동 능력을 가진 정신이라면 당연히 민주화의 변질을 인
정해야 한다. 민주화 시대에 젖은 굳은 의견을 바꾸는 일에 더 이상
주저하면 안 된다. 혁신의 정신을 차리지 않고 껍질에 갇혀 시간을
보내면 그대로 죽는다. 늦었지만 민주화 다음을 도모해야 한다. 이
것이 선진화의 길이다. 지금 우리에게는 이것이 혁신이다. 뱀보다는
높은 수준의 인간적인 혁신인 것이다. 4차 산업혁명이라는 전혀 새
로운 문명이 기존의 모든 구조를 뒤틀며 새로운 틀을 짜고 있다. 우
리 민족에게 주어진 마지막 기회일 것이다. 이렇게 판이 뒤틀릴 때
상승하는 혁신에 성공한 나라는 더 독립적이고 자유로운 지위에 올
라서고, 그러지 못하면 종속적 지위에 머무른다. 선진화를 향한 혁
신다운 혁신을 도모하는 혁신적 도전 이외에 더 큰 일은 없다. 반항

을 혁신이나 혁명으로 착각하지 않는 일부터 시작하자. 새해가 밝지 않았는가? 헌 말 헌 몸짓을 벗고 새 말 새 몸짓으로 상승하자.

'다음'으로 건너가기

오직 용기

진화는 용기로 빚어진다. 단순한 이 말은 생물의 진화, 문화의 진화, 정치의 진화, 개인의 진화(성숙) 등 다양한 경우에 다 맞는다. 그것이 용기인 이유는 두려움을 떨쳐내면서 편안함을 박차고 길을 나서야 하기 때문이다. 발전하고 변화하는 일은 이미 가진 것을 더 키우고 강화하는 일로도 가능하지만, 그보다 더 많게는 아직 갖고 있지 않은 것으로 옮겨 가면서 일어난다. 모든 진화는 경험과 이해를 벗어난 곳으로 탐험을 떠나는 용기다. 경험과 이해를 벗어난 곳은 알 수 없어서 항상 불안하고 무섭고 이상하다. 거기는 두려운 곳이다. 경험과 이해를 벗어난 곳으로 이동하자면 두려움을 뒤집어쓰지 않을 수 없다. 이렇게 하여 모든 진화는 두려움을 극복하는 용기로만 일어난다. 철학자 루트비히 비트겐슈타인(Ludwig Wittgenstein)이 한 말을 좀 풀어서 옮기면 이렇다. "하나의 씨앗을 커다란 나무로 자라게 하는 것은 재주도 아니고 영감도 아니다. 오직 용기다."

진화하려고 하면 용기를 내야 한다. 용기를 내지 않으면 진화할 수 없다. 갖고 있는 것을 자신의 정처(定處)로 정하고 마치 선정(禪定)에 들듯이 거기에 편안해하고 거기에서 따뜻함을 느끼고 또 그것을 자신만의 진리의 텃밭으로 삼는 한, 그것 다음이나 그것을 넘어서는 어떤 것에도 닿기 힘들다. 장자는 이것을 '정해진 마음(成心)'에 갇힌 형국으로 묘사한다. 이런저런 일 모두가 이 정해진 마음으로 즉시 해석되고 평가되니 이제 깊이 생각하는 수고를 할 필요가 없다. 얼마나 간편한가? 그저 정해진 마음에 맞는지의 여부에 따라 희로애락의 감정만 두드리면 된다. 그래서 정해진 마음을 가지면 사유가 아니라 감각에 빠진다. 진화는 사유할 줄 아는 사람의 몫이다. 감정과 감각은 숙고를 불편해할 정도로 즉각적이고 직접적이며 재빠르다. 사유에는 시간과 수고가 들어간다. 당연히 게으른 자는 감각으로 기울고, 부지런한 자는 감각과 감정을 극복하는 지적인 태도로 사유할 줄 안다. 감각에 빠져 곰곰이 생각하는 능력을 기르지 않은 사람에게는 다음으로 건너가는 과감한 용기가 없다. 그래서 용기란 지적인 태도로 분류된다. 소크라테스가 용기를 '지적

인내'로 표현한 말은 이치에 맞다.

정해진 마음을 버리다

정해진 마음을 갖고 그것을 진리로 삼는 일만큼 자신을 멈춰 서게 하는 것은 없다. 지혜란 다른 말로 하면 '멈추지 않기'다. 이것을 강조한 것으로 《반야심경(般若心經)》보다 더 선명한 것이 있을까? 바로 '바라밀다(波羅蜜多)'이다. 목적지도 없고 도착지도 없다. 그저 여기서 저기로 건너가는 것만 있다. 지혜는 바로 건너가기 자체다. '건너가기'라는 동명사가 지혜다. 지혜로운 자는 어디에 마음을 두거나 멈추지 않는다. 정해진 마음을 가지면 스스로는 우뚝 서는 느낌이 드니 그 자부심과 신뢰는 하늘을 찌른다. 문제는 정해진 마음을 갖는 순간 곰곰이 생각하는 능력이 점점 사라지고 반성 없이 즉각적으로 등장하는 감각만 커진다는 사실이다. 이런 태도를 가지면, 지식의 영역에서는 지식 생산자의 입장에 서지 못하고 지식 수입자로만 산다. 지식의 생산이 바로 문명의 생산력이다. 지식 생산자의 대열에 끼지 못하면 독립적이고 자유로운 높이에 이를 수 없다. 지식을 수용하는 위치에 머물러 있으면 삶은 종속적일 수밖에 없다.

곰곰이 생각하는 훈련을 해야 생산자가 된다. 자유, 독립, 풍요는 다 수입자가 아니라 생산자가 누리는 일이다. 정치적인 성향이 밴 환경에서 그것은 프레임 씌우기로 나타난다. 프레임 씌우기가 얼마나 폭력적인지는 서로 안다. 그러면서도 프레임 씌우기를 계속하는 것은 곰곰이 생각하지 않고 어떤 수고도 들일 필요가 없는 데다가 매우 선명하기 때문이다. '종북 좌빨', '보수 꼴통', '토착 왜구', '좌좀' 등은 스스로도 곰곰이 생각하기 싫고 상대에 대해 생각도 해주기 싫다는 의사 표시다. 이런 태도는 매우 간명하고 시원하기 때문에 끊기 힘들다. 끊기 힘들면 시원한 것에 만족하다가 숙고하는 정련을 할 기회를 갖지 못한다. 개인의 성숙이나 사회의 진화에는 분명한 필요조건이 있다. 곰곰이 생각하는 태도다. 정치적 의사 표시를 프레임 씌우기에만 의존한다거나 지식의 생산에 도전하지 않는다면 진화의 길은 멀고도 멀 수밖에 없다.

정해진 마음을 약화시키거나 없애는 것은 더 나은 삶을 지향하는 사람에게 반드시 필요하다. 정해진 마음에서 벗어나지 않고도 깨달음에 이르거나 진화의 동력을 갖는 일은 불가능하다. 개인의 진화(성숙), 사회의 진화, 정치의 진화에 모두 해당하는 말이다. 무위(無爲), 무념(無念), 무아(無我), 정관(靜觀) 등의 특별한 태도는 모두 정해진 마음을 약하게 하려는 것들이다. 진화를 궁극으로 밀고 나아가는 모든 가르침은 정해진 마음을 해소하는 절차를 언제나 가장 앞에 둔다. 예수의 가르침을 따르려는 자들은 그 가르침의 테두리 안으로 들어가기 전에 반드시 해야 할 일이 있다. 바로 회개다. 정해진 마음과 결별해야 예수의 가르침을 받을 바구니가 준비된다. 회개 없이 예수의 신도가 될 수 없다. 부처의 음성을 마음에 담고 싶은 사람이라면 반드시 먼저 해야 할 일이 있다. 바로 참회다. 참회 없이 부처의 음성을 담으려 들면 안 된다. 참회의 과정을 건너뛰고 해탈을 꿈꿀 수 없다. 회개 없이 천국을 꿈꾸거나 참회 없이 해탈을 꿈꾸는 일은 진화를 포기한 채 함부로 사는 막무가내의 인생으로 이끈다. 해탈이나 참회에는 다 정해진 마음과의 결별이 포함된다.

그런데 정해진 마음과의 결별은 경험한 적도 없고 이해되지 않는 곳으로 건너가는 일이다. 이것도 감각이 아니라 곰곰이 생각하는 사유의 활동이다. 감각적 활동이 아니라 지적인 활동이라는 뜻이다. 이것이 바로 지적 인내이며 용기다. 용기를 내지 않으면 안 되는 일이다. 그만큼 어렵다는 뜻이다. 그래서 장자는 정해진 마음과 결별하는 용기를 '자기 살해(吾喪我)'로까지 표현하는 것이다. 장자에게서도 자기 살해 없이 '소요유(逍遙遊)'의 자유는 없다. 소요유에 이르게 하는 자기 살해, 해탈에 이르게 하는 참회, 천국으로 인도하는 회개가 모두 지적인 태도이며 용기다.

개인이나 사회의 진화를 꿈꾸는 자들은 먼저 정해진 마음을 기준으로 써서 감각적이고 즉각적으로 반응하는 가벼운 태도를 줄이고 곰곰이 생각하는 지적인 태도를 함양해야 한다. 지적인 태도를 함양하지 않고는 어떤 종류의 진화에도 관여할 수 없다. 한 조각의 인식도 내놓지 못하면서 그저 별 의미도 없이 강하기만 한 의견을 내

뱉는 허탈한 삶을 산다. 지적인 태도는 여러 가지가 뭉쳐져 만들어지지만, 대표적인 두 가지는 바로 지식을 증가시키는 일과 용기를 발휘할 내공을 기르는 일이다. 곰곰이 생각하는 것도 내공이고 용기를 발휘하는 것도 내공이다. 겸손도 내공이고 화해도 내공이다. 지식의 생산도 내공이고 양보도 내공이다. 우리의 모든 진화에는 지식과 내공이 결부된다. 일은 간단하다. 나와 사회의 진화를 도모한다면, 이제 이 두 가지를 모두 닦는 수밖에 없다.

독서, '다음'으로 건너가기

지식과 내공이 잘 닦이면 우리는 지금 이 단계를 넘어 '다음'으로 넘어가는 진화를 이룰 수 있다. 그렇다면 지식과 내공을 동시에 잘 닦을 수 있는 것은 무엇인가? 바로 독서다. 책을 읽어야 한다. 펼친 책을 끝까지 읽는 일이나, 읽으려고 산 책을 정말로 읽는 일은 다 인내를 요구한다. 인격적인 단련이다. 지적인 수고를 하는 일이다. 프랑스 작가 파스칼 키냐르(Pascal Quinard)는 독서를 '마법의 양탄자'에 비유한다. 독서는 시공간을 넘나들며 아직 경험하지 않고 이해되지 않은 어떤 곳으로 데려다주는 마법을 부린다는 뜻이다. 우리가 아직 지식 생산자의 입장에 서지 못하고 사회적으로 심한 분열상을 겪고 있는 것은 진화의 용기를 내지 못하는 것과 관련되는데, 그것은 독서를 그런 진화가 가능할 만큼 하지 못하고 있다는 뜻이다. 2015년 유엔 조사 결과 한국인의 독서량은 192개 국가 중 166위이다. 이것도 부끄러울 정도로 적은 양인데, 해가 갈수록 독서량은 늘지 않고 오히려 줄어들었다. 문화체육관광부가 시행한 2019년 국민 독서 실태 조사에 따르면 한국인 성인은 연간 독서량이 6.1권에 불과하다. 독서를 하지 않으니 지적인 훈련이 되지 않고, 지적인 훈련이 되지 않으니 사회에는 인식의 교환보다는 반성되지 않은 의견들만 난무하고, 정치는 진영과 프레임 씌우기를 벗어나지 못하고, 지식은 생산의 시도가 이뤄지지 않는다. 자신과 사회의 진화를 꿈꾼다면, 우선 독서를 시작하는 수밖에 없다. 한 달에 한 권도 읽지 않은 사람들끼리 도달할 수 있는 높이는 이미 정해져 있다. 그 높이를 넘어서려면 최소한 한 달에 한 권이라도 읽어야 한다.

이런 꿈을 꿔본다. 새 말 새 몸짓으로 새로워지기 위하여 우선 책을 읽는다. 사단법인 새말새몸짓과 함께 한 달에 책 한 권을 읽는 일부터 시작해보자. 독서라는 마법의 양탄자를 타고 다음 단계로 건너가자. 진화는 용기로 빚어지며 용기는 지적 인내다. 지적 인내는 독서로 가장 잘 길러진다. 책 읽기가 보통 물건이 아니라는 것을 기억하자.

최진석의 대한민국 읽기

민주화 다음을 꿈꾸다

'턱 – 억'과 '신내림' 변명

1987년 1월 14일 박종철 열사가 물고문을 받다 사망에 이르렀다. 당시 치안본부는 "책상을 턱 치니 억 하고 죽었다"고 발표했다. 32년 후, 2019년 12월 1일 밤, 산업통상자원부 원전산업정책과의 한 공무원은 감사원의 감사에 대비해 관련 자료 530개를 삭제했다가 누구 지시에 의한 것이냐는 추궁을 받자 "내가 신내림을 받은 것 같았다"고 진술했다. 1987년의 변명은 경찰이 했고, 2019년의 변명은 관료가 했다는 차이는 있다. 그러나 둘 다 정권의 오만함과 사악함을 뒷심으로 믿고 여유롭게 한 변명이라는 점에서는 똑같다. 토질이 같은 땅에서는 같은 풀이 자란다. '턱 – 억'과 '신내림'이라는 유사한 풀이 자라난 것은 그것들이 뿌리내린 토양이 같기 때문이다. 정권 운영이라는 면에서 볼 때, 1987년과 2019년 사이에 별로 달라진 점이 없다. '신내림' 변명은 민주적인 제도가 의식, 즉 생각하는 능력에까지 정착되었다면 일어날 일이 아니다.

군부독재를 극복한 흐름을 이어받아 1998년 김대중 대통령이 취임한다. 대한민국의 발전 노선은 '건국(정부 수립) – 산업화 – 민주화'의 직선적 상승이었다. 제도적 민주화는 김대중 대통령 시절에 완수된다. 1987년의 독재도 1998년 민주화의 결실로 제압되었으니 우리의 역사는 실로 발전한 것이었다. 그런데 문제는 1987년의 '틱 – 억'과 구조적으로 유사한 조짐을 보이는 '신내림' 변명이 2019년에도 등장한다는 점이다. 이는 역사의 퇴행을 암시한다. 이런 나의 해석을 성급한 일반화의 오류라고 말하기는 어렵다. 나는 여러 사례 가운데 하나만을 골라 말하고 있기 때문이다. 지금 대한민국에서 가장 큰 문제는 역사 퇴행이다. 역사 퇴행은 사실 사유의 퇴행이나 말의 혼란을 의미한다.

통치를 인간미와 같은 감성적인 요소를 빼고 철저히 국가라는 높이에서 행하는지 여부만 놓고 볼 때, 우리나라에서는 김대중까지만 국가 높이의 대통령이었다. 김대중 이후의 대통령들은 진영의 대통령이거나 절반의 역사만을 선택한 대통령이었다. 실용주의라는 국정 목표를 설정한 정부마저도 결국은 비실용적이라고 평가되던 다른 한편을 이념적이라고 배척하면서 결국은 이념적이 되었으며, 참여나 포용을 주장하는 정부에서도 노골적으로 한편의 이념과 한편의 계급에 의존하는 참여와 포용으로 전락하면서 이념적이 되었다. 대한민국에서 이념적이라는 말에는 한쪽에만 의존한다는 뜻도 담겨 있다. 김대중 대통령이 반대 세력이었던 6공화국 출신 김중권을 비서실장으로 품은 것은 많은 의미를 함축한다.

현대의 국가들은 몇몇 국가를 제외하고는 대부분 생각이 다른 사람들끼리 공화(共和)한다. 여기서 어느 한쪽을 위하거나 한쪽에만 의존하는 통치는 국가 레벨의 통치를 완수하기 어렵다. 김대중 이후 대한민국 대통령들의 통치는 다 국가 레벨의 통치라기보다는 진영 레벨의 통치였다. 그 흐름이 이번 문재인 정부에서 가장 심해진 것일 뿐이다. 가진 자들을 악으로 치부하거나 자유주의를 기반으로 형성된 집단을 처단해야 할 기득권 세력으로 몰아붙이는 기류는 이미 극단까지 갔다. 명목상으로만 하나의 나라일 뿐 내용적으로 국민은 둘로 쪼개진 지 오래며, 여기에는 통치 권력이 의도적으로 조장하는 측면도 있다. 심지어는 이제 국민을 둘로 쪼개 다루는 것을 통치 기술로 삼기까지 하는 실정이다. 적폐 청산은 국가 전략으로 승화하지 못하고 특정 진영의 전투력으로만 행사됨으로써 이미 나라를 둘로 쪼개는 역할 이상을 하지 못한 꼴이 되었다.

민주화 다음

현재 단계에서 볼 때 우리나라가 도달한 가장 높은 단계는 민주화다. 우리 사회가 '건국(정부 수립) - 산업화 - 민주화'의 발전 기류를 그대로 탔다면 우리는 민주화 다음으로 건너가고 있어야 한다. 그러나 20여 년 동안이나 그러지 못하고 오히려 민주화 이전으로 회귀하고 있다. 민주화 단계까지 우리는 일등 국가, 전술 국가, 추격 국가였으니, 민주화 다음은 일류 국가, 전략 국가, 선도 국가로 나아가는 길이다. 민주화 다음을 꿈꾸지 않으면 민주화 단계에 머무는 것이 아니라 민주화 이전으로 돌아가기 십상이다.

민주화까지를 추격 국가로 칭하고 민주화 다음을 선도 국가라고 칭해보자. 물건도 그렇고 제도도 그렇고 문명은 모두 사유의 결과다. 문명을 선도하는 선도 국가는 스스로 사유할 뿐만 아니라, 사유의 레벨에 자리하는 것에 활동의 주도권을 둔다. 추격 국가는 선도 국가를 따라가는 형태를 취하기 때문에 스스로 생각하는 것이 아니라 선도 국가에서 한 생각의 결과를 수행하거나 집행한다. 그러다 보니 생각의 레벨에 있는 것에 주도권을 두지 않고 오히려 현상(현실)적인 사건들에 좌우된다. 예를 들어보자. 5·18은 민주와 자유를 위한 투쟁이었다. 그렇다면 5·18은 민주와 자유의 확대로만 완성된다. 민주와 자유의 핵심은 표현의 자유다.

최진석의 대한민국 읽기

그래서 표현의 자유를 막는 것은 민주와 자유의 확대를 막는 일이고, 그것은 5·18의 완성과 거리가 멀어진다. 누군가 5·18을 왜곡하는 행동을 했다며, 그것은 이미 있는 법률로 처벌하면 된다. 그런데 새로 '5·18역사왜곡특별법'을 만들어 넓은 의미에서 표현의 자유를 막는다면 그것은 민주와 자유의 확대와는 반대의 길을 가는 모양새가 되고 만다. 그러면 5·18은 좁은 법의 테두리에 갇히게 된다. 왜 이렇게 되었는가? 그것은 사유의 레벨에 있는 자유와 민주에 주도권을 두지 않고 감각의 레벨에 있는 현상적 사건에 활동이 좌우되기 때문이다. 우리가 민주화 다음으로 한 단계 도약하려 한다면 자유와 민주에 의해 역사를 왜곡하는 현상적 사건을 지배함으로써 가능하지, 현상(현실)으로 민주와 자유를 통제하려 하면 불가능해진다. 그러면 우리 사회는 발전할 수 없다. 덩달아 5·18도 완성의 길을 가지 못한다.

대북전단금지법도 예로 들 수 있다. 대북전단금지법도 사유의 레벨에 있는 표현의 자유와 현상적 사건인 북의 위협 사이에서 고민하다가 결국 북의 위협이라는 현실을 피하려고 더 높은 곳에 있는 표현의 자유를 포기한 격이 되었다. 우리가 민주와 자유의 확대를 염두에 둔다면, 당연히 사유의 레벨에 있는 것을 선택해서 현상적 사건을 통제해야 한다. 오히려 북의 위협이라는 현상(현실)으로 자유와 민주의 토대인 표현의 자유를 막고 있으니 분명히 우리는 뒤로 가고 있다. 이것이 바로 역사 퇴행의 기류다. 민주화 운동을 했다고 자처하는 세력이 국가 권력을 차지하고 나서는 오히려 민주와 자유를 축소하고 있으니 매우 안타까울 뿐이다. '표현의 자유'가 국정을 모르는 한가한 소리나 현학적인 것으로 들리고 당장의 역사 왜곡 현상이나 북의 위협이 실질적으로 더 커 보인다면, 당신은 미래로 건너가기 어려운 심리 상태에 빠져 있다.

생각하면 지배하고 생각하지 않으면 지배당한다

시선의 높이가 현상(현실)적 레벨에 있는 것은 생각(사유)을 하지 않기 때문이다. 모든 생각은 근본적으로 궁금증이나 호기심이 개입되는 일이기 때문에 현상(현실) 너머나 다음을 도모할 수밖에 없다. 국민이 크게 둘로 쪼개져서 각 진영에 갇혀 있는 것은 생각하는 능력이 거세된 까닭이 크다. 진영에 갇혀 있으면 생각할 필요가 없다. 진영의 논리와 의지를 그대로 따라서 내뱉기만 하면 되기 때문이다. 질문은 생각의 활동이고 대답은 생각 없이도 가능한 일이다. 그래서 질문하는 사람은 건너가고 대답하는 사람은 멈춘다. 이 세계에 존재하는 모든 새로운 것과 위대한 것 가운데 대답의 결과로 나온 것은 단 하나도 없다. 모두 다 질문의 결과다. 건너가고 도약하고 위대해지고 싶다면, 질문하지 않을 수 없고 생각하지 않을 수 없다. 생각하면 지배하고 생각하지 않으면 지배당한다. 생각 없이 진영에

최진석의 대한민국 읽기

빠져 있으면 종내에는 비효율에 빠져 스스로 무너진다.

　질문하고 생각하는 사람은 자신에게만 있는 궁금증과 호기심에 의존하기 때문에 자기 자신으로 독립해 있다. 진영에 갇힌 사람은 진영의 논리에 종속되어 있기 때문에 자기 자신으로 독립하지 못한다. 그래서 생각하는 자는 자유롭고 진영에 갇힌 자는 자유롭지 못한 것이다. 자유롭고 독립적인 주체들의 특징은 자신에게서 나오는 말을 자기 자신의 존재성과 일치시키려는 경향이 강하다. 이 경향이 지속되는 것을 우리는 신뢰라고 한다. 결국 자신이 뱉은 언어에 대한 책임성이 강하다. 진영에 갇혀 생각하는 능력을 발휘하지 못하는 사람은 자신의 말에 대한 책임성이 매우 약하다. 그래서 거짓말을 하거나 현실과 맞지 않는 말을 하거나 상황에 따라 말을 다르게 한다. 흔히 '내로남불'이라고 하는 것이다.

　대통령이 취임하고 나서 하는 초기의 통치행위 가운데 내각을 임명하는 일이 있다. 문재인 대통령은 후보 시절 선거운동을 할 때부터 인사 5대 원칙을 발표하는 '말'을 했다. 그러나 내각 인사를 할 때는 인사 5원칙을 지키지 않았다. 우선 믿을 만한 자기편이 필요했을 것이다. 스스로 한 말을 아예 처음부터 스스로 지키지 않았다. 문재인 대통령의 통치행위는 줄곧 이런 종류의 다양한 변주로 이뤄졌다. 현실(현상)적 필요라고 하는 것에 의해서 사유(생각)의 레벨에 있는 인사 5대 원칙이라는 '말'이 밀려난 것이다. 이것은 북한의 위협이나 역사를 왜곡하는 현상(현실)들에 의해 자유와 민주의 근본인 표현의 자유가 밀려난 것과 같다.

　우리는 민주화 다음으로 건너가야 하는데, 건너가지 못하고 멈춰 있다. 건너가려면 우선 생각해야 한다. 생각하면 현실(현상)로 생각(사유)을 통제하지 않고, 생각(사유)으로 현실(현상)을 통제한다. 생각하는 능력을 갖게 되면 거짓말을 하지 않는다. 그러면 우리의 역사도 퇴행을 멈추고 전진하기 시작할 것이다. 생각의 힘으로 이제는 그만 건너가자.

한계를 넘어

새로워져야 할 때 새로워지지 않으면 현재 가지고 있는 새로움이 계속 유지되는 것이 아니라 급속하게 더 낡아지는 것이 세상의 이치다. 한 단계 도약해야 할 때 도약하지 못하면 지금 수준을 계속 유지할 수 있는 것이 아니라 급속히 하강하게 되는 것 또한 세상의 이치다. 우리는 지금 답답한 처지에 있다. 중진국의 함정이라고도 한다. 말레이시아, 타이, 브라질, 남아프리카공화국은 그 함정에서 빠져나오지 못했다. 아르헨티나나 칠레도 그 함정에서 빠져나오지 못한 대표적 사례다. 우리의 한계를 구체적으로 알려주는 말들이 오래전부터 있었다. 2013년 한국 경제를 '끓는 냄비 속 개구리'에 비유하면서 한국의 침체와 하락 가능성에 경종을 울렸던 컨설팅

업체 매킨지는 2018년에 한국 경제가 더 나빠졌다고 재차 경고했다. "한국 경제는 여전히 물이 끓는 냄비 속 개구리 상태다. 5년 전보다 물 온도는 더 올라갔다." 나는 이 말 속에서 날카로움도 읽지만 조롱도 발견한다.

이런 조롱을 받을 나라는 아니었다. 대한민국의 경제 발전을 세계에서는 '한강의 기적'이라고 표현하면서 박수를 보내던 일이 그리 오래전도 아니다. 현대사에서 한강의 기적을 말할 때 독일이 이룩한 '라인(Rhein)강의 기적'도 함께 말하지만, 기적이라면 한강의 기적만이 기적이다. 독일의 그것은 있다가 없어진 것을 회복한 것이지만, 우리는 없던 것을 있게 만들었기 때문이다. 우리는 기적을 이룬 나라고, 기적을 이룬 국민이다. 이런 기적을 이룬 나라는 사실상 인류 현대사에 대한민국이 유일하다. 식민지 시절을 보내다 독립하여 이 정도의 성취를 이룬 나라가 대한민국 외에는 없다. 정치 발전과 경제 발전을 동시에 이룬 유일한 나라다. 원조를 받던 국가에서 원조를 제공하는 국가로 탈바꿈한 것도 우리가 유일하다. 자원과 기초적인 물적 토대 없이 이 정도의 발전을 이룬다는 것은 매우 어렵다. 그러나 우리는 해냈다. 다른 나라들은 모두 식민지를 착취해 발전의 토대를 갖췄지만, 우리는 외부를 착취하지 않고 우리의 힘으로만 이룬 것이니 발전의 내용 또한 다른 나라와 비교하자면 더 도덕적이다.

그러나 문제는 우리에게 익숙한 방법으로 우리가 도달할 수 있는 높이가 딱 여기까지라는 점이다. 끓는 냄비 속에 있으면서도 뜨거워지는 줄을 모르는 형국이다. 기적을 이룰 정도로 그렇게 근골을 잘 사용하고 영특하던 우리가 끓는 냄비 속에 있다는 것조차 알아채지 못하는 무지 속으로 빠져버렸다. 우리는 한계에 갇혔다.

따라 하기의 종속성

우리를 한계에 가둘 정도로 몸에 밴 익숙한 방법은 무엇인가? 그것은 '따라 하기'라고 표현할 수 있는 종속성이다. 해방 이후부터 지금까지 이룬 발전과 번영은 이 따라 하기의 속도와 효율성이 빚어낸 결과다. 우리는 물건을 우리가 처음 만들기 시작하여 돈을 벌지 않고, 다른 사람들이 만들기 시작한 것을 들여와 따라 만들어 돈을 벌었다. 우리가 만든 제도로 우리 삶을 제어하고 북돋운 것이 아니라, 다른 사람들이 만든 제도를 들여와 우리 삶을 거기에 맞췄다. 우리가 독립적으로 한 생각으로 우리의 세계관을 삼은 것이 아니라, 다른 사람들이 만든 철학을 우리의 비전으로 삼으며 살았다. 이것이 지금까지 우리가 이룬 발전과 번영의 속살이다. 우리는 이 일을 세계 유례없이 잘 해냈다. 그러나 따라 하기로 살 수 있는 높이는 여기까지다.

따라 하기가 습관이 되면 삶의 태도와 사유 구조가 한쪽으로 치우치거나 종속적인 삶을 살기 쉽다. 그렇게 되면 이익보다는 명분에 집착하고, 지적이기보다는 감각적이고, 실재보다는 도덕에 빠지며, 본질보다는 기능에 집중한다. 명분과 도덕은 정해진 기준을 수행하는 일이므로 과거의 것이 아닐 수 없다. 이런 태도로는 미래를 여는 도전보다는 과거를 헤집는 일에 빠진다. 당연히 이미 아는 것이나 믿는 것만을 수행하려 들지, 그것들을 바꿔 새로움을 기약하는 혁신적 도전에 나서지 못한다. 사회가 멈추고 썩기 시작하는 이유다. 새로워져야 할 때 새로워지지 못하면 썩는다. 도약해야 할 때 도약하지 못하면 하강한다. 우리는 조선 말기에 이미 경험했다. "이 나라는 털끝 하나인들 병들지 않은 게 없다. 지금 당장 개혁하지 않으면 나라는 반드시 망하고 말 것이다." 우리가 다급한 이유는 조선 말기 다산 선생의 이 절절한 경고가 지금 우리에게 어느 하나 어긋남 없이 해당되기 때문이다.

국가 단계의 높이에서 통치력을 행사한 대통령은 김대중이 마지막이다. 김대중 이후의 통치력은 감성적 민족주의에 매몰되거나 권위주의 시대가 남긴 탐욕과 특권을 벗어나지 못하거나 과거의 운동권 이념을 넘어서지 못한 상태에서 반대쪽 진영을 부정하려는 기능적 프로젝트를 수행하는 정도 이상을 보여주지 못한다. 이명박과 노무현 사이나 박근혜와 문재인 사이에 있는 수평적 차이를 수직적 차이로 착각하지 말자. 높이에서는 아무 차이가 없다. 같은 높이에서 다른 색깔의 옷을 입고 있을 뿐이다.

"이것이 나라냐?"라는 구호로 시작한 진영이 이제 "이것은 나라냐?"라는 말을 듣는다. "이것이 나라냐?"라고 주장한 쪽과 "이것은 나라냐?"라고 주장하는 쪽 사이가 얼마나 멀까? 4대강 보를 만든 쪽과 허무는 쪽 사이는 또 얼마나 멀까? 같은 높이에서 다른 일을 하고 있을 뿐이다. 방송 장악은 어느 정권에서나 똑같다. 안하무인의 인사, 어용 기자들의 득세, 표현의 자유 억압, 불통, 협치 실종, 권력의 청와대 집중, 낙하산 인사, 블랙리스트 등은 어느 정권에서나 모두 나타났다. 다름이 없다. 같은 높이에 있으면 사실 다르기가 더 어렵다. 다름이 없는 이 현상은 어쩌면 당연한 귀결이다. 아무리 다르다고 각자 주장해도 모든 진영이 실제로는 같은 높이의 한계에 갇혀 있기 때문이다.

선진국으로 나아가는 도전

이제 한계를 뚫고 올라서는 일을 해야 한다. 그러려면 먼저 이 점을 인정하는 것부터 시작하자. 즉, 우리는 우리에게 익숙한 방법으로는 이미 할 일을 다 해버린 민족이라는 사실이다. 익숙하지 않은 방법으로 도달할 그 높이에 이르는 도전 이외에는 가져야 할 사명도 달리 없다. 중진국의 한계에 이른 우리는 이제 선진국으로 나아가는 도전에 나서야 한다. 전술적 차원에서의 사고를 전략적 차원으로 끌어올려야 한다. 대답에 익숙한 지적 활동성을 질문을 시도하는 방향으로 바꿔야 한다. 건국 세력이 산업화 세력에 의해 도태되고, 산업화 세력이 민주화 세력에 밀려나는 과격한 운동을 통해 우리의 역사가 진보했듯이 이제는 민주화 세력도 도태되어야 한다. 민주화 세력도 이미 구세력이다. 민주화 세력을 도태시킬 새로운 세력의 형성을 도모해야 한다. 창의적이고 독립적인 삶의 태도가 필요해진 이유다. '따라 하기'로 갈 수 있는 최고점까지 왔으니, '따라 하기'가 아닌 방법으로만 그 한계를 벗어날 수 있다. 다른 결과는 다른 방법으로만 얻을 수 있다. 다른 결과를 기대하며 방법과 태도를 바꾸는 것을 혁신이라고 하지 않는가?

그런데 전략적이고 선진국 수준의 높이로 상승하는 일이 가능하기는 한가? 사실, 우리에게 익숙한 문명의 패러다임이 일정하게 유지되는 상황에서라면 이는 불가능에 가깝다. 1820년 대분기(Great Divergence) 이후에 후진국과 선진국 사이의 교체는 없었다. 이 말은 한번 후진국은 계속 후진국에 머물기 쉽고, 한번 선진국은 계속 선진국이기 쉽다는 말이다. 각 단계를 결정하는 높이의 시선에 지배를 받기 때문이다. 그런데 우리에게 축복이 왔다. 바로 몇백 년 계속되던 패러다임이 깨지고 있다. 4차 산업혁명으로 기존의 패러다임에 균열이 생기고 틈이 생긴 것이다. 후발 주자들이 자신의 단계를 뛰어넘어 한 단계 더 상승하려면 반드시 기존의 패러다임이 깨져야 하는데, 우리의 국력이 가장 강해진 지금 그런 현상이 일어나고 있으니 얼마나 큰 축복인가! 문제는 우리가 그 축복을 직시하고 있는지, 그 축복을 받아들일 준비를 하고 있는지의 여부다. 애석하게도 아직까지는 그렇지 못하다.

우리는 본질보다 기능, 실제보다 도덕, 이익보다 명분, 질문보다 대답에 더 비중을 두는 것에 익숙하기 때문에 시선이 항상 미래보다는 과거를 향해 있다. 미래를 여는 도전보다는 먼저 과거를 한 점 오차 없이 헤집는 일을 해야 더 진실하게 사는 것 같은 생각이 들도록 훈련되었다. 따라 하기에 익숙해지면 결국 미래보다 과거를 더 중시하는 심리를 갖게 된다. 입으로는 미래를 말하지만 사실은 과거를 산다. 그래서 과거의 규정으로 미래의 전개를 제어한다. 과거에 정해놓은 규제로 아직 오지 않은 미래의 변화를 제어하는 일이 얼마나 우스운 일인지 모르는 것이다. 빅 데이터의 시대에 데이터를 모으지 못한다. 초융합 연결의 시대에 원격의료를 막는다. 4차 산업혁명의 주요 주제 가운데 하나인 공유 경제를 경험하지 못하도록 막는다. 이것은 과거로 미래의 발목을 잡고 있는 형국이다. 더 큰 문제는 그렇게 해야 진실한 삶을 사는 것 같은 느낌이 들도록 우리가 훈련되었다는 사실이다. 그래서 4차 산업혁명이라는 이름을 달고 일어나는 문명적인 혁명의 시기에도 과거로만 계속 회귀하려 한다.

낡은 문법을 버리자

이 절박한 시점에 삶의 방식이나 태도가 전면적이고도 근본적인 각성을 통해 바뀌지 않으면 안 된다. 각성이 없으면 여기까지만 살다 가지 그 이상의 삶을 누리지 못한다. 최악의 경우에는 후손들에게 영광이 아니라 치욕을 물려줄 수도 있다. 진영 지키기에 빠진 우물 안 개구리들은 역사의 열차에서 내려야 한다. 낡은 문법을 지키는 투사들은 이제 필요 없다. 차라리 경쾌한 도전에 나서는 젊은 무모함이 더 의미 있다. 우리가 어떻게 생존해온 민족인데, 우리가 어떻게 되찾아 어떻게 발전시킨 나라인데, 여기까지만 살다 가도 괜찮겠는가? 낡은 문법과 결별하여 새로운 문법으로 무장하고 새로운 태도를 가져야만 한다. 그래서 다음과 같이 노래할 수밖에 없다.

"부질없다, 부질없다. 정해진 모든 것. 흐르지 못하고 고여 있는 모든 언어, 모든 생각. 백설의 새 바탕에 새 이야기 새로 쓰세. 새 세상 여는 일 말고 그 무엇 무거우랴. 새 말 새 몸짓으로 새 세상 열어 보세."

새 말 새 몸짓으로

멈춰야 하는가? 달려야 하는가? 버려야 하는가? 가져야 하는가? 계속 붙잡고 있어야 하는가? 그만 내려놓아야 하는가? 쉼 없이 근면해야 하는가? 이제 그만 소위 힐링을 구해야 하는가? 지지부진한 삶 속에서도 이런 질문들은 종횡무진 파고든다. 이 질문 다발은 결국 어떻게 할 것인가, 어떻게 살 것인가로 합쳐진다. 참 어려운 일이다. 누구는 이렇게 해야 옳다 하고, 다른 누구는 또 저렇게 하라고 한다. 이렇게 살라는 사람이나 저렇게 살라는 사람 모두 틀리지 않아 보이니 선택은 더욱 어렵다. 모두 틀리지 않아 보이는 이유는 이쪽이나 저쪽이나 다 맞아서라기보다 필시 자기만의 각성이 이뤄지지 않았거나 부족하기 때문이다. 쉽게 말해, 뭘 모르기 때문인 것이다. 무명(無明)에 빠져 있으면 돌고 도는 윤회의 틀을 못 벗어나는 것과 같다. 당연히 삶의 무대를 알아야 한다. 어떻게 살아야 하는지 말하기 전에 어디서 사는지를 알아야 한다. 연극배우도 연기를 잘 하려면 자기가 서는 무대의 정체에 밝아야 한다.

인간은 문화적 존재

인간이 사는 무대는 두 덩어리로 되어 있다. 하나는 인간이 만든 덩어리, 다른 하나는 인간이 만들지 않은 덩어리다. 이 세계의 모든 존재는 인간이 만든 것 아니면, 만들지 않은 것이다. 인간이 만들지 않은 덩어리는 인간과 별 관계 없이 자기가 가진 원칙에 따라 알아서 스스로 돌아간다. 이것을 자연(自然)이라고 한다. 다른 한 덩어리는 인간이 만들었다. 문명(文明)이다. '문(文)'이라는 글자가 들어가면 다 인간의 손이 닿았다는 뜻이다. 문자(文字)는 인간이 만든 기호이고, 문학(文學)은 인간이 만든 이야기에 관한 지적 활동이다. 문명은 문화(文化)라고 하는 인간의 독특한 활동이 만든 결과다. 인간은 무엇인가를 '하거나 만들어서[文]' 변화를 야기[化]한다. 이런 의미로 인간은 가장 근본적인 차원에서 문화적 존재다. 인간으로 존재하는 한 무엇인가를 하거나 만들어서 변화를 야기하는 일을 가장 근본적인 사명으로 받아들이지 않을 수 없다.

최진석의 대한민국 읽기

만년필을 만들었다 치자. 만년필이 없던 세상과 만년필이 등장한 세상은 다르다. 어찌 되었건 이제 세상은 만년필이 있는 세상과 없던 세상으로 갈라진다. 달라진 것을 변화라고 한다. 만년필을 만든 사람은 이 세상에 변화를 야기한 격이다. 변화를 야기함으로써 인류의 삶은 더 넓어지고 편리해진다. 인류에게 하는 중요한 공헌이다. 만년필을 만든 사람은 인간 삶에 변화를 야기했고, 만년필을 만들지 않고 사용만 하는 사람은 야기된 변화의 결과를 그저 수용했다. 물론 만년필을 수용하여 사용하면서, 자신만의 다른 변화를 야기할 수도 있다. 이것도 문화적 활동이다.

인간은 근본적인 차원에서 문화적 존재다. 즉, 무엇인가를 하거나 만들어서 변화를 야기하는 존재다. 이 정의가 내려지는 순간, 인간은 두 층으로 격이 나뉜다. 누구는 변화를 야기하고, 누구는 야기된 변화를 받아들인다. 변화를 야기하는 문화적 활동을 하는 사람을 자유롭고 주체적이며 독립적이라고 표현하고, 야기된 변화를 받아들이는 사람을 종속적이라고 칭한다. 인간이 근본적인 의미를 잃지 않고 활동하면, '자유롭다', '독립적이다', '주체적이다'라는 말을 듣게 되는데, 이것은 결국 문화적인 높이로 산다는 뜻이다. 만년필을 만든 사람은 자유롭고 독립적이고 주체적인 사람이고, 누군가 만든 만년필을 수용하기만 하면 종속적이다. 자유롭고 독립적이고 주체적인 사람이 하는 활동이 창의적 활동임은 매우 자명하다. 그래서 자유, 독립, 주체, 창의는 같은 차원에서 하나로 모일 수밖에 없다.

　문명은 세 개의 층으로 이루어진다. 가장 낮은 층을 이루는 것이 물건이다. 물건은 보고 만질 수 있는 것으로서 분명하고 구체적이다. 대포, 컴퓨터, 군함, 연필 등이다. 물건은 물건 자체의 역량으로 그냥 태어나는 것이 아니다. 태어나는 길과 돌아다니는 길이 잘 만들어져야 좋은 물건이 나온다. 물건이 나오고 돌아다니는 길을 제도라고 한다. 도시, 농촌, 민주제, 공화제, 사회조직 등이다. 이것은 구체적이면서도 추상적이다. 좋은 제도는 좋은 물건이 등장하도록 보장한다. 그런데 제도는 또 좋은 세계관이나 생각의 방식, 즉 철학에서 비롯된다. 철학은 추상적이다. 좋은 철학이 좋은 제도를 만드는 것은 당연하다. 구체적인 일상의 삶은 좋은 물건으로 보장되고, 구체적인 좋은 물건은 구체적이면서도 추상적인 좋은 제도가 만들며, 좋은 물건과 좋은 제도는 추상적인 좋은 철학이 책임진다. 한 사회 구성원들의 시선이 물건에만 가 있으면 후진국, 물건과 제도에 가 있으면 중진국, 물건과 제도와 철학에 모두 가 있으면 선진국이다.

　우리는 어디에 있는가? 선진국이라 불러도 그냥 넘어갈 수 있을 정도로 높은 단계에 와 있지만, 아직은 중진국이다. 우리 사회의 격렬한 논쟁들은 여전히 제도의 차원에 머물러 있다. 고위공직자범죄수사처를 만드느냐 안 만드느냐, 내각제로 바꾸느냐 아니면 대통령

중심제를 유지하느냐, 자율형 사립고를 폐지하느냐 유지하느냐, 선거제도를 이렇게 하느냐 저렇게 하느냐, 재벌을 개혁해야 하느냐 말아야 하느냐 등 수준 높은 거의 모두가 제도와 관련된 것들이다.

　의식(意識)도 매우 제도 의존적이다. 자녀들을 교육시키고 싶은 방향은 이런데, 교육 시스템 때문에 그렇게 못 하고 어쩔 수 없이 따라간다고 하는 말이나, 나는 이렇게 살고 싶었는데 내 삶이 사회구조 때문에 이리 되었다고 하는 한탄도 결국은 모두 제도에 깊이 의존하고 있음을 보여준다. 교육은 자신과 사회를 독립적으로 책임질 인재를 양성하는 일이다. 여기서는 사람을 어떻게 만드는가, 어떤 사람을 만드는가가 당연히 가장 핵심적인 사안이다. 그런데도 우리의 교육은 입시 제도에 함몰되어 있다. 고등학교라는 제도에서 대학이라는 제도로 이동하는 데만 초점을 맞추지 대학이나 고등학교라는 제도를 이용해서 어떤 사람을 만드느냐는 옆으로 밀쳐놓았다. 교육 현장의 황폐화는 교육의 정신과 철학은 도외시한 채, 제도를 지키려는 종속적 습관에서 비롯된다.
　우리 사유의 높이는 제도까지는 도달했으나 문화나 철학에는 도달하지 못했다. 이는 중진국 상위 단계까지는 왔으나 선진국으로 진입하지 못했다는 뜻이다. 종속적 단계로는 가장 높지만 자유롭고 주체적이고 독립적인 단계에는 이르지 못했다. 이 말을 다 묶으면 결국 우리는 아직 문화적이지 않다는 말로 귀결된다.

진정한 독립

우리는 어느 단계에 사는가? 자유롭고 독립적인가? 아직 아니다. 우리 삶을 채우며 편리와 풍요를 제공하는 모든 물건 가운데 우리가 만들기 시작한 것은 거의 없다. 우리가 독립적으로 만들어 사용하는 것으로는 한글이 거의 유일하다. 우리는 제조업 강국이라 물건을 잘 만들고 또 수출해서 먹고 산다. 그러나 아무리 잘 만들어 수출까지 하는 물건이라 해도 우리가 만들기 시작한 것은 아니다. 다른 나라에서 만들기 시작한 것을 들여와 따라 만들었을 뿐이다. 물건만 그런 것이 아니다. 우리 삶을 지배하는 제도를 우리가 만들어서 쓰고 있는가? 그렇지도 않다. 우리 삶의 구체적 구성물인 물건과 제도 모두 외부에서 들여왔다. 독립적이기보다는 종속적인 구조 속에서의 번영과 발전이다. 지금 단계에서 우리가 시도해야 할 새로운 도전은 매우 분명하다. 제도적인 차원이 아니라 문화적인 차원에서 진정한 독립을 쟁취하는 일이다. 정치적이고 감성적인 독립이 아니라 삶의 독립, 생각의 독립, 과학적이고 철학적인 높이의 독립이다.

인간을 규정하는 말은 적지 않다. 호모 하빌리스, 호모 에렉투스, 호모 파베르, 호모 루덴스, 호모 이코노미쿠스 등. 무엇인가를 하거나 만드는 일을 기준으로 한 분류들이다. 이런 모든 분류를 하나로 통합하여 가장 근본적인 차원에서 말하면, '인간은 문화적 존재다'

최진석의 대한민국 읽기

라고 할 수밖에 없다. 이런 의미에서 본다면, 무엇인가를 하거나 만들어서 변화를 야기하는 도전에 나서지 않는 인간은 인간적이지 않다. 문명은 인공적이고 조작적인 것이며, 이런 문명을 쌓는 인간은 인공적이고 조작적인 활동을 하는 존재라는 것을 철저하게 인식해야 한다. 인공과 조작을 거부하고, 그냥 아무렇게나 하거나 내버려두는 것을 자연이라고 하면서 높은 차원의 것으로 인식하는 흐름이 있는데, 이는 인간적이라기보다는 패배적인 자세일 뿐이다. 문명을 건설하는 사명을 가진 인간에게 '자연적'이라는 말은 인위와 조작적 활동의 결과를 원래 있었던 것 같은 느낌을 주는 경지까지 끌어올렸다는 것이지, 인위와 조작을 거부하거나 부정하는 것이 아니다.

문화적이고 철학적이고 과학적인 단계로 상승

가장 인간적인 삶은 무엇인가를 하거나 만들어서 변화를 야기하는 삶이다. 다시 말해, 자유롭고 독립적이고 주체적이고 창의적으로 사는 삶이다. 이런 삶의 태도는 있던 곳에서 없던 곳으로 나아가게 한다. 즉, 변화를 야기한다. 아직 인식되지 않은 곳, 아직 경험된 적이 없는 곳으로 이동한다. 그래서 근본적인 의미에 닿아 있는 인간이라면 머무르지 않는다. 혁명의 깃발을 완장으로 바꾸지 않는다. '지속 부정'과 '새 말 새 몸짓'으로 무장한다. 지금 우리에게 '새 말 새 몸짓'은 무엇인가? 제도의 높이에서 멈춘 상태를 넘어 삶의 태도와 관점의 혁신을 감행해야 한다. 철학과 과학과 문화적인 높이로 상승하는 일이다. 중진국의 함정에서 벗어나 선진국 높이로 올라서는 도전을 감행해야 한다. 바로 문화적이고 철학적이고 과학적인 단계로 상승하는 일이다.

건국과 산업화와 민주화의 성공 신화는 물건과 제도의 높이에서 이룬 발전이다. 후진국과 중진국 정도에서 일어나는 일이다. 이제 이런 성공 신화를 뒤로 물리치고 한 단계 더 높고 새로운 신화를 써야 한다. 산업화 세력이 건국 세력을 도태시키고 새로 등장했듯이, 민주화 세력이 산업화 세력을 밀어내며 나라를 새롭게 했듯이, 이제 우리가 할 일은 '새 말 새 몸짓'으로 무장한 새로운 세력이 민주화 세력을 도태시키는 도전이다. 민주화 단계까지 올라서면서 하던 이야기와 주장을 아직도 계속하면서 그것을 지키려고만 하고 있다면, 당신이 아무리 높은 자리에 있다 하더라도 아직 인간적이지 않다. 권력과 재력으로는 어떨지 모르지만, 인간으로는 미성숙 상태에 있다. 깃발을 완장으로 바꿔 차고 그저 그렇게 살고 있는 사소한 사람일 뿐이다.

4부

**내 안의
'아큐'를 넘어**

독립의 주체로

교육, 변화의 경험

사람을 사람으로 만드는 힘은 본능적인 동작이 아니라 인위적인 활동이다. 사람은 인위적이고 의도적인 활동을 해서 사람으로 살아간다. 그리고 점점 더 나은 사람으로 성장한다. 본능적인 동작의 테두리에 갇힌 것이 동물이고 인위적인 활동으로 본능의 테두리를 벗어난 것이 인간이다. 그래서 인간에게는 학습이 필요하고 동물에게는 학습이 거의 필요 없다. 누가 더 사람이 되느냐 하는 점은 누가 더 학습하느냐로 결정된다. 학습의 전 과정에 철학을 담아 체계화한 것을 교육이라고 한다. 동물이라면 학습이 필요 없으니 교육도 필요 없다. 사람이 사람으로 완성되는 여정에는 반드시 교육이 필요하다. 종교 수련의 전 과정도 다 교육이다. 군대 훈련의 전 과정도 다 교육이다. 교육의 정도가 종교인의 수준을 결정한다. 교육의 강도가 군인의 용맹성을 결정한다. 사회가 작동되는 중심 톱니바퀴가 두 개 있으니 바로 정치와 교육이다. 그 사회가 어떤 사회인가라는 질문에 대한 답은 그 사회의 정치가 어떠한가라는 질문의 답과 일치한다. 그 사회의 정치가 어떠한가라는 질문에 대한 답은 그 사회의 교육이 어떠한가라는 질문의 답과 아주 잘 맞는다. 대한민국의 정치 현실도 교육의 결과다. 이런 교육에서는 이런 정치가, 저런 교육에서는 저런 정치가 태어난다. 이렇게 본다면, 사회의 뿌리 동력은 교육이다. 그래서 교육이 한 나라 백 년 후의 전망을 결정한다고 하는 것이다. 교육 무용론은 시대에 맞지 않는 교육 방법에 대한 회의에서 빚어진 착각이다. 교육 무용론은 있을 수 없고, 특정한 교육 방법 무용론은 있을 수 있다. 인간은 다 교육생으로 살다 간다.

그러나 교육받은 군인이라고 다 용맹한 것은 아니고, 교육받은 종교인이라고 해서 다 수준 높은 종교인은 아니다. 교육과정을 다 마친 학생이라고 해서 모두 다 창의적이거나 도전적인 것은 아닌 것과 같다. 사람이 교육을 받는 목적은 사람답게 살기 위해서다. 교육을 받고도 창의적이거나 도전적이지 않다고 하는 것은 사람답게 사는 능력을 배우지 못했다는 뜻이다. 왜 창의적이고 도전적인 능력을 배우지 못하면 사람답게 사는 법을 배우지 못한 것으로 치부하는가? 창의나 도전은 변화를 일으키는 행동이다. 사람은 문명을 건설하는 존재다. 인간이 하는 모든 활동의 총체가 문명이다. 심지어는 문명을 부정하거나 비판하는 태도 또한 문명 활동이다. 문명을 건설하는 활동을 문화라고 한다. 인간을 가장 근본적인 의미에서 문화적 존재로 보는 것은 매우 타당하다. 문화는 '무엇인가를 해서 변화를 야기한다'는 뜻이다. 그러므로 인간에게는 변화를 야기하는 일이 자신에게서나 사회에서 가장 근본적인 활동성이다. 이런 근본적인 활동성을 가진 인간들이 세상의 주인 노릇을 한다. 대답하는 사람보다 질문하는 사람이, 종속적인 사람보다 자유로운 사람이, 패륜적인 사람보다 윤리적인 사람이, 훈고하는 사람보다 창의적인 사람이, 따라 하는 사람보다 먼저 만드는 사람이, 비굴함을 받아들이는 사람보다 용기 있는 사람이, 답습하는 사람보다 도전하는 사람이 더 주인 행세를 하는 곳이 바로 사람 사는 세상이다. 대답, 종속, 패륜, 훈고, 따라 하기, 비굴함 그리고 답습보다는 질문, 자유, 윤리, 창의, 먼저 하기, 용기 그리고 도전이 변화를 야기하는 데 더 적극적인 활동들이기 때문이다. 당연히 앞쪽에 나열한 것보다 뒤쪽에 나열한 것이 더 사람다운 활동들이다.

교육의 관건은 어떻게 사람을 변화시킬 수 있는가다. 변화를 야기할 수 있으려면 스스로 변화를 경험해야 한다. 지식에 매몰되거나 이념에 빠져 있으면 변화하기 힘들다. 아는 것을 수호하거나 아는 것에만 근거를 두어 세상을 보며, 굳은 신념이 된 이념을 매개로 해서만 세상과 관계한다면 변화를 경험할 수 없다. 자신도 변화를 경험할 수 없고, 세상에 변화를 야기할 수도 없다. 자전거에 대하여 아무리 많이 알아도, 그 앎이 자전거를 탈 수 있게 하는 것은 아니다. 우리에게 궁극적으로 필요한 것은 자전거를 타지 못하던 자신이 자전거를 탈 수 있게 변화하는 일이다. 우리는 자전거에 대한 지식을 많이 갖추는 데 시간을 쓰다가 자전거를 타는 도전에 나서는 일을 소홀히 하기도 한다. 자전거에 대한 지식이 자전거를 타보려는 용기로 바뀌는 일은 매우 특별한 어떤 것일 수밖에 없다. 바로 이 '매우 특별한 어떤 것'이 필요하다.

일인칭 시점의 변화

교육 일선에 있으면서 이것저것을 시도해봤는데, 결국은 교육을 통해 조그마한 변화라도 일으킬 수 있느냐 없느냐가 가장 중요한 문제였다. 변화라는 것은 교육의 메커니즘에서 매우 중요하다. 교육받고 나서도 교육받기 전과 똑같다면 그 교육은 제대로 된 것이 아니다. 피차간에 지식의 습득이나 축적에만 관심을 둔 교육 환경에서는 변화가 일어나지 않는다. 지식을 축적한 다음의 인격적인 변화 혹은 영혼의 변화가 일어나야 한다. 그 과정에서 독립적 인격이나 창의력이나 행복이나 자유나 세상을 따뜻한 시선으로 사랑하는 일들이 벌어지기 때문이다. 더 사람다운 사람이 되는 것이다. 우리는 삼인칭 시점에서는 변화를 이야기하고 창의력을 이야기하지만, 정작 일인칭 시점에서는 변화나 창의력에 집중하지 못한다. 변화에 대해 토론하고 의견을 말하지만, 정작 자기 내부의 변화는 일으키지 못한다. 그 대신에 자신이 아는 것이나 믿는 것을 강하게 지키는 일을 더 잘한다. 변화를 중심 주제로 정한 교육 프로그램을 운영할 때도 별로 성공적이지 않았다. 변화에 대해 강의하고 토론해도 정작 변화를 감행하는 인격으로 성장시키는 데는 항상 부족했다. 강의 시간에 맞춰 허겁지겁 왔다가 급히 두어 과목을 듣고 다음 스케줄 때문에 허둥지둥 돌아가는 모습은 항상 안타까웠다. 심지어 강의가 길어지면 결혼식 참석 등과 같은 다음 약속 때문에 먼저 가기를 청하는 학생들도 있었다. 강의 프로그램이 교육 제공자나 수요자 모두에게 다른 여러 프로그램 가운데 하나로 존재하는 한 별 의미가 없다. 교육이 진행되는 그 앞뒤의 생활에서 다른 것들은 그림자로 밀려나고 그것만 오롯이 고독한 형태로 솟아날 때 교육 효과가 나타난다. 그렇지 않으면 그것은 여러 가지 가운데 다른 스펙 하나를 더 쌓는 것 이상이 되지 못했다. 너무 번잡한 일들로 포위된 교육은 효과가 없었다. 번잡한 일들과 연결되어 있는 상태는 '우리' 가운데 한 명으로 존재하는 모습이다. '우리'로 있으면서 번잡한 문제들에 휩싸여 있을 때의 나는 '나'로 존재하기 힘들다. 질문, 자유, 윤리, 창의, 먼저 하기, 용기 그리고 도전 등은 '우리' 가운데 한 명으로 존재하는 사람에게는 출현할 수 없다. 오직 '나'로 존재하는 사람에게만 있다. 독립적 주체의 몫인 것이다. 사정이 이러하다면, 교육의 최종 단계는 독립적 주체 만들기다. 그래서 사람에게 가장 귀하고 높은 질문은 어쩔 수 없이 '나는 누구인가?'가 된다.

독립의 주체로

사람이 사람으로 성장하는 일에서 가장 중요한 점은 '기본'이다. 누구나 기본만 갖추고 있으면 세속적인 일에서나 영적인 일에서나 모든 일을 잘 이룰 수 있다. 기본이 모든 것을 가능하게 한다. 기본이 없이 하는 일은 모래 위에 쌓은 성과 같다. 기본 가운데 기본은 자신이 누구인지 아는 것이다. 바로 독립적 주체로 성장하려는 문을 연다는 뜻이다. 자신이 누구인지 알게 하는 것이 바로 '나는 누구인가?'라는 질문이다. 이 근본 질문 옆에 조금 더 구체적인 모습으로 몇 개의 질문이 포진한다. '나는 어떤 사람이 되고 싶은가?', '나는 무엇을 원하는가?', '나는 어떻게 살다 가고 싶은가?', '내가 다른 사람이 아니라 바로 나인 이유는 무엇인가?' 번잡한 일들로 포위된 교육이 실패하는 이유는 바로 이런 질문에 골똘히 빠질 수 있는 고독한 시간 자체를 차단하기 때문이다. 나는 이제 확신한다. 고독한 상태에서 이런 질문을 제기하고 스스로 답을 찾아 자신의 존재적 목적을 찾기만 하면 나머지 모든 일이 가능해진다. 나머지 모든 일을 수준 높은 상태로 가능케 하는 태도가 바로 질문, 자유, 윤리, 창의, 먼저 하기, 용기 그리고 도전 등인데, 이런 태도는 고독한 상태에서 앞에 제기한 몇 가지 질문에 집중한 결과로 얻을 수 있다. 자신을 성찰하는 고독이 동반되지 않은 교육은 성공하기 힘들다.

그래서 요즘은 두근거리는 마음으로 이런 꿈을 꿔본다. 내 고향 함평에 조그만 집을 지어서 기본을 닦는 도량을 여는 것이다. 반년이나 일 년 정도의 기간을 정해서 '나는 누구인가?', '나는 무엇을 원하는가?', '나는 어떻게 살다 가고 싶은가?'를 집중적으로 탐구하는 시간을 갖는다. 학교 이름을 '기본 학교'라고 짓는다. 다른 지적 활동도 모두 이런 질문을 에워싸고 진행한다. 적어도 그날 하루만큼은 온전히 이 프로그램에 집중할 수 있는 사람들과만 함께한다. 서울에서 함평까지 온다면 2시간 30분은 써야 한다. 이 2시간 30분은 온전히 혼자만의 고독한 시간이다. 도착하여 30분 정도 명상을 하며 고독을 내면화하고, 내면화된 그 고독의 힘으로 치열한 지적 토론을 한다. 그리고 늦은 저녁 시간 또 2시간 30분의 고독한 상태에서 서울로 돌아간다. 고독이라는 자신만의 동굴에 적어도 5시간 머무를 수 있다. 이 프로그램의 가장 큰 특징은 최소한 5시간의 고독이다. 고독을 생산하는 수고와 불편함이다. 수고와 불편함은 고독을 더욱 고독하게 한다. 고독은 있어도 되고 없어도 되는 사소한 것들을 일거에 소멸시켜 자신에게 필요한 것만 남길 수 있는 폭탄이다. 독립적 주체로 성장시키는 특효약이다.

독립으로

종속에 갇혀

인간의 독립성은 근본적으로 생각, 즉 사유의 독립으로 보장된다. 정치적 독립도 사상과 사유의 독립이 뿌리다. 지금의 우리에게 가장 가까운 왕조인 조선 시대를 들여다봐도 우리는 우리의 사유로 살지 못했다. 중국이란 땅에서 중국의 문제를 해결하기 위해 생산된 주자학을 우리에게 그대로 적용하려 무던히 애를 썼다. 정치 외교적으로도 중화 질서를 지키고 수행하는 데 치중했다. 이것이 당시 세계 질서의 큰 판이었고, 어쩔 수 없었으며, 생존의 한 방식이었고, 형식적으로는 그리 보여도 내용적으로나 실질적으로는 독립적이었다는 등의 여러 이야기를 할 수 있겠지만 총체적으로는 종속적이었다. 중화 질서 속에서 형성된, 그것도 긴 시간 동안 형성된 종속성은 아직도 다양한 방면에서 지속되고 있다. 우리는 과연 이것을 자각하고 있는가? 종속성의 끝은 식민지다. 우리는 일본의 식민지로 35년을 살았다. 종속성을 내면화하기에 충분한 시간이다. 해방 후에 북한은 소련과 중국의 이데올로기를 수용했고, 우리는 미국의 그것을 수용했다. 북한과 남한 사이에 어느 쪽이 더 독립적이고 주체적인지를 다투곤 한다. 그러나 오십보백보다.

종속성에 갇혀 있으면 나타나는 대표적인 심리 현상이 주도적인 사고력을 행사하지 못하고, 다른 사람들이 한 생각을 추종하거나 따라 하는 것이다. 자신이 사라지고 외부의 어떤 것이 들어와 자기 대신 주인 행세를 하는 것이 종속성이다. 더 나아가 외부의 것에 지배되어 나타나는 종속성에 익숙해지면, 자기 안에 내면화된 기존의 이념이나 신념을 반성 없이 그대로 수호하려고만 하고 세계의 흐름에 맞춰 변화하려는 노력을 하지 못한다. 이것도 종속성의 한 표현이다. 종속성은 외부의 것을 추종하는 형식으로도 있지만, 내부에 자리 잡은 이념을 변화 없이 맹목적으로 추종하는 형식으로도 존재한다. 지금 우리는 이 두 형식 모두에 사로잡혀 있다.

최진석의 대한민국 읽기

독립적이면

독립적이면 부드럽고 유연하지만, 종속적이면 뻣뻣하고 경직된다. 독립적이면 주도적인 사고력을 갖지만, 종속적이면 사고력이 현저히 떨어진다. 독립적이면 자기에게 무엇이 필요한지 자각하고 자기에게 필요한 것을 스스로 만들려고 덤비지만, 종속적이면 다른 사람이 만든 것을 그대로 들여와 쓴다. 종속적이면 자기 필요를 각성하지 못한다. 남의 필요에 의존하고 남의 필요를 내면화한다. 독립적이면 자기가 직접 보고 만지는 것이나 자기가 좋아하는 것을 그리지만, 종속적이면 타인이 좋아하는 것을 받아들여 그것을 그린다. 독립적이면 '나'를 그리지만, 종속적이면 남이나 '우리'를 그린다. 독립적이면 '나'를 노래한다. 그러나 종속적이면 남이나 '우리'를 노래한다. 자신이 경험한 사실을 그리지 못하고 주입된 관념을 그린다. 독립적이면 선례를 만들려 하고, 종속적이면 선례를 찾는다. 독립적이면 벤치마킹의 대상이 되고, 종속적이면 습관적으로 벤치마킹을 시도한다. 독립적이면 내 언어와 내 문자를 쓰지만, 종속적이면 외부의 언어와 문자들로 나의 그것들을 흐트러뜨린다. 독립적이면 지적인 경향을 보이고, 종속적이면 감각과 본능에 더 의존한다. 독립적이면 전략적이 되고, 종속적이면 전술적 단계에 머문다. 독립적인 나라에서는 이익을 추구하는 것이 좋은 명분이고, 종속적인 나라는 명분을 추구하는 것이 좋은 명분이다. 독립적이면 선진국까지 올라서고, 종속적이면 중진국이 오를 수 있는 최고 높이다. 독립성이 강한 나라의 정치는 사실에 의존하고, 종속성이 팽배한 나라의 정치는 도덕에 붙잡힌다. 독립적이면 몸이 앞으로 기울어 미래를 향하지만, 종속적이면 뒤로 기울어 과거에 갇힌다. 독립적이면 본질을 선택하고, 종속적이면 기능을 선택한다. 독립적인 나라의 정치는 국가 전체를 조망하며 나아가고, 종속적인 나라의 정치는 극히 편향적이거나 진영 위주의 패거리 다툼에만 골몰한다.

그래서 박정희를 비판하다가 김일성을 향하게 되고, 미국과 일본을 비판하다가 중국으로 기울어버린다. 박정희를 비판할 때 사용하는 도구를 김일성한테는 적용하지 않고, 미국과 일본을 비판할 때 쓰는 기준을 중국에는 적용하지 않는 비이성적 감성에 함몰된다. 독립적이지 않기 때문이다. 내 이야기로 내 노래를 하지 않는 일이나, 내가 본 것보다는 다른 사람이 본 것을 그리는 일이나, 내 물건을 내가 만들지 못하는 일이나, 정치가 진영에 갇히는 일이나, 외교가 객관적 사실보다는 심리적 기대에 의존하는 일이나, 실용보다는 이념에 빠지는 일이나, 정치에 협치가 실현되지 않는 일이 다 같은 틀에서 벌어지는 다양한 현상이다. 종속적이기 때문이다. 이제 우리의 번영과 생존은 독립을 다시 생각해야만 보장되는 단계에 이르렀음을 깊이 깨달아야 한다. 종속적인 방식으로는 도달할 수 있는 가장 높은 단계까지 이미 도달했다. 새로운 도전은 종속성을 극복하여 독립적 단계로 올라서는 일로만 의미를 가질 것이다. 독립성은 독립적 사고와 독립적 생활 방식으로 훈련된다.

최진석의 대한민국 읽기

독립적이지 않은

일상에 가까운 일부터 먼저 돌아보자. 일상에서부터 독립적인 태도로 살아야 사유의 독립이 가능하다. 일상이 종속적이면 삶이나 공동체가 독립적일 수 없다. 우리는 습관적으로 우리를 외부의 어떤 것과 비교하면서 존재 가치를 확인하려 드는 경우가 많다. 송도, 통영, 김포, 부산, 평택이 모두 한국의 베니스(베네치아)라는 간판을 경쟁적으로 내세운다. 송도가 송도면 되지, 왜 꼭 베니스의 인정을 받아야 하는가? 월악산, 노고단, 대관령이 앞다투어 한국의 알프스라고 자칭한다. 영남에는 아예 '영남 알프스'가 있다. 대관령이 대관령으로 존재해야 진정한 가치를 부여받지, 알프스에 인정받음으로써만 대관령이 될 수 있다면 대관령은 위대해지기 어렵다. 걷는 길을 만들어놓고는 서로 '한국의 산티아고 길'로 불리려고 안달이다. 이런 일은 거의 모든 영역에서 나타난다. 한국의 스티븐 호킹, 한국의 나폴리, 한국의 간디, 한국의 파바로티, 한국의 마돈나, 한국의 퓰리처상, 한국의 센트럴파크, 한국의 조르바, 한국의 라이온 킹, 한국의 히말라야, 한국의 이치로, 한국의 아인슈타인, 한국의 호날두, 한국의 로버트 파커, 한국의 로버트 타우니, 한국의 로버트 드 니로, 한국의 톰 크루즈, 한국의 톰 행크스, 한국의 톰 포드, 한국의 마이클 볼튼, 한국의 마이클 잭슨, 한국의 마이클 조던, 한국의 에디슨, 한국의 슈바이처, 한국의 페스탈로치, 한국의 다빈치, 한국의 할리우드, 한국의 만델라, 한국의 빅토르 위고, 한국의 레이 찰스, 한국의 주윤발(저우룬파), 한국의 테일러 스위프트, 한국의 샤론 스톤, 한국의 에이브러햄 링컨, 한국의 MIT……. 일일이 셀 수가 없다. 자신을 자신의 특징으로 증명하려는 의도가 거세된 종속적 습관이다. 남의 이름에 연관되어야만 비로소 자기가 된 느낌. 자기를 자기 눈으로만 보면 왠지 부족한 느낌. 모두 종속적이기 때문이다. 이런 느낌에 빠져 있다는 것은 독립의 방향으로 나아가는 정서적 준비가 아직 되어 있지 않다는 뜻이다.

　아름답기로 유명한 어느 섬에서 걷기 대회를 하는데 이름이 '슬로우('슬로'가 맞다) 걷기 대회'라고 한다. '느리게 걷기 대회'라고 못하는 우리는 도대체 누구인가? 지방자치단체도 '옐로우('옐로'가 맞다) 시티', '판타지아', '국제 슬로 시티' 등의 표어들이 앞에 붙어 있다. 공공 기관의 표어치고는 너무 외부 의존적이다. 자주성과 독립성의 최후 보루라고 할 수 있는 국방부도 '국방 헬프콜'을 운용한다. '국방 도움전화'는 왜 안 되는가? 어떤 부대는 구호 자체가 '필승'이나 '단결'이 아니라 '아이 캔 두(I can do)'인 것을 보았다. 자기가 자신의 언어로부터 소외되어 있다면, 자신이 자신의 언어로 확인되지 않을 것이다. 용기는 자신의 존엄을 지키며 자기로 살기 위해 발휘하는 주체적인 활동이다. 자기 언어에서 스스로 소외된 주체가 용기를 발휘할 수 있을까? 이처럼 우리나라는 지금 일상의 종속성까지도 심화되고 있는 상황이다. 외부의 것에 의존해서만 비로소 가치를 인정받는 지경이고, 더욱이 외국 말로 포장해야만 더 권위 있어 보이는 줄 안다. 언어를 다루는 방송도 마찬가지다. 프로그램 제목에서도 종속성이 습관이 되어버린 모습을 본다. 〈오! 마이 베이비〉, 〈배틀트립〉, 〈시니어 토크쇼〉, 〈미스터리 키친〉, 〈애니멀 레스큐〉, 〈맨인블랙박스〉, 〈나이트 라인〉, 〈모닝 와이드〉, 〈스포츠 다이어리〉, 〈해피 투게더〉, 〈스포츠 투나잇〉……. 굳이 이래야만 하는 우리는 누구인가? 언어가 주체의 독립을 지키는 근본 장치 가운데 중요한 한 가지라는 것을 알지 못하기 때문일 것이다. 자기 언어를 소외시키는 방송은 또 우리에게 무엇인가?

독립적으로

조선 전기부터 중기까지 조선의 화가들은 조선을 그리지 않았다. 산천도 조선의 산천이 아니라 중국 산천을 그리고, 옷이나 집이나 물건도 모두 중국의 것을 그렸다. 조선의 그림에 나오는 소도 조선의 소가 아니라 긴 뿔이 난 중국 남방의 소였다. 그림을 매개로 나를 표현하는 예술 행위를 한 것이 아니라, 머릿속에 주입된 종속적 관념을 재현하기만 했다. 자기 세계를 그리는 것이 아니라 관념을 그린 것이다. 지금은 상상하기도 어려운 일이지만, 남이 주입한 관념을 그리면서도 그것을 보고 감탄하고 서로 칭찬을 주고받으며 산 것이다. 그런 태도를 주입한 사람들이 볼 때 얼마나 우스웠을지 짐작이 된다. 조선 후기에 와서야 비로소 조선을 그리기 시작한다. 이 것이 겸재(謙齋) 정선(鄭敾)의 진경산수(眞景山水)다. 외부에서 주입된 관념을 그리는 것도 진경산수가 아니지만, 내게 만들어진 이념을 수십 년간 바꾸지 못하고 계속 그리던 것만 그리는 것도 진경산수가 아니다. 수십 년간 변한 세상과 호흡하지 못하고 정해진 자기 이념만을 고집하는 것도 자신의 세계를 그리지 못하고 주입된 관념을 그리는 것과 별반 다르지 않다.

독립적으로 자신의 세계를 그리지 못하고, 장기간 내적으로 소유하고 있는 정해진 관념이나 외부에서 온 관념만을 그리는 종속적 태도는 본질보다 기능에 빠진 삶을 살게 한다. "이것이면 어떻고 저것이면 어떤가? 멋있게만 보이면 되지." "〈오! 마이 베이비〉면 어떻고 〈애니멀 레스큐〉면 어떤가? 멋있게만 들리고 시청률만 높으면 되지"와 같은 경박함에 빠진다. 이것은 "인성이 좀 나쁘면 어떤가? 공부만 잘하면 되지"라는 말과 완전히 일치한다.

기능에 빠진 삶으로는 독립적 단계에 오를 수 없다. 기능에 빠진 태도를 가진 사람은 독립을 모른다. 독립을 모르면 창의가 없다. 독립과 창의가 없다면 부강하고 자유로운 삶을 이룰 수 없다. 이제는 종속성을 자각하고 그것을 극복하려고 노력해야 할 때다. 그러지 않으면 생존이 위협받을 수도 있기 때문에 하는 말이다.

최진석의 대한민국 읽기

부끄러움을 아는 것

일만 하면서 앞만 보고 달리던 사람이 어느 날 낯선 질문에 빠지기 시작한다. 나는 왜 사는가? 삶의 의미란 무엇인가? 나는 제대로 살고 있는가? 누구나 인정하는 참된 가치는 존재하는가? 이런 것들을 근본적인 질문 혹은 본질적인 질문이라고 부르자. 이런 질문들에 빠지면 대개는 내면에서 큰 혼란을 겪게 된다. 생활도 이전과 결이 달라지면서 많이 흐트러질 수 있다. 기존의 것들이 다 뒤틀린다. 알 수 없는 힘에 이끌리듯, 본 적도 없는 곳으로 이끌리며 흔들리고 또 흔들린다. 10대나 20대에 이런 질문에 봉착하기도 하지만, 보통은 40대, 50대에 일어나는 일들이다. 왜 사람들은 앞만 보고 열심히 달려가는 삶을 살다가 갑자기 이런 질문에 빠지는가? 이 나이가 되면 어느 정도 성취도 얻지만 열심히 앞만 보고 달려온 데서 오는 피로감을 느끼고 스스로 지치거나 고갈되어간다는 위기감에 빠지기도 한다. 그래서 잠시 멈춰 서서 본질적인 질문들로 삶의 의미를 따져보는 일은 버겁기도 하지만 약간은 고상해 보이기도 하면서 위로를 주기도 한다.

'왜 사는가?'라는 질문의 이유

그런데 이런 질문들 앞에서 스스로 지쳤다거나 고갈되어간다는 느낌에 빠진 채, 자신이 좀 약해진 것이 아닌가 걱정하면서 의기소침해지기도 한다. 그러면서 위로나 휴식이 필요하다며 스스로를 다독이려 한다. 많이 지쳐서 위로가 필요할 수도 있다. 그러나 내가 보기에, 지쳤다는 그 기분은 한 걸음도 더 나갈 수 없을 정도의 장벽이나 절벽 앞에 선 것과 같은 부정적 심리 상태가 아닐 수도 있다. 그것은 오히려 기능적이고 양적으로 살던 삶이 정점을 찍거나 한계에 도달한 후, 고도를 높이지 않으면 안 되는 절실한 필요가 생겼기 때문에 질적 상승을 위해 혁신의 대문 앞에 선 상태일 것이다. 기능적이고 양적인 삶의 고도가 자신의 크기만큼 높아지면 한계를 느끼지 않을 수 없다. 여기서는 이전에 경험한 적 없는 환경에 처하는 기분이 들기 때문에 자신도 모르게 지금까지의 삶에 직접적으로 등장한 적 없는 한 단계 더 높은 본질적인 질문이 제기될 것이다.

'왜 사는가?'와 같은 본질적인 질문이 제기되는 이유는 지칠 만큼 지쳐서 휴식이나 위로가 필요한 것이 다가 아니다. 자신도 모르게 휴식 다음의 더 나은 단계로 나아가라는 전진의 명령 앞에 서 있는 중일지도 모른다. 약해져서가 아니라 혁신의 요구 앞에 선 상황이다. 사실, 본질이나 근본이라고 이름이 붙은 것들은 기능적인 것들보다 높다. 왜 사는가, 삶의 진정한 가치는 무엇인가라는 질문에 직면했다는 것은 그런 가치나 본질이 작동하는 높이를 향해 내몰리고 있다는 뜻이다. 이런 낯선 질문들은 질문자의 수준이 높아지고 있음을 자신과 세상에 알리는 호루라기 소리다.

높은 수준의 삶

윤리적인 기업이 윤리적이지 않은 기업보다 더 지속적으로 성장한다는 것이 요즘은 거의 상식이다. 윤리는 구체적이고 기능적인 행위 다음의 원리적인 높이에 있다. 기능이기만 했던 행위가 행위 자체의 본질적인 이유나 가치를 지닌 평가와 만나려 하면 윤리가 된다. 하나하나의 행위는 기능이지만, 윤리는 본질적인 높이다. 윤리적인 기업은 수준이 높고, 아직 윤리에 관심을 두지 않는 기업은 수준이 높지 않다. 윤리를 추구하면 본질적 가치를 중요하게 본다는 뜻이고, 윤리 의식에 관심이 쏠리고 있지 않다면 본질보다는 기능에 갇혀 있다고 볼 수 있다. 시선이 높은 기업에는 지속적인 큰 성장이 보장되고, 시선이 낮은 기업에는 그것이 보장되지 않는다. 본질이란 이런 역할을 한다. 본질은 그냥 텅 빈 상태로 존재적 위상만을 지시하는 것이 아니다. 그것은 작동하면서 높이와 두께를 가지게 되고, 삶의 다양한 영역에서 크기와 생명을 더 효과적으로 보장해주는 무기가 된다.

〈드래프트 데이(Draft Day)〉라는 영화가 떠오른다. 미식축구 클리블랜드 구단장 써니(케빈 코스트너)가 선수 선발을 하는 과정에 얽힌 이야기다. 켈리헨이라는 선수가 있다. 위스콘신 대학 선수인데 올해의 선수상을 받았을 뿐 아니라 대학 성적 우등상까지 받은 그는 어느 프로 구단이든 가장 탐내는 대학 졸업 선수다. 두 개의 일화가 중요하다. 하나는 켈리헨이 대학에서 선수 생활을 할 때 자신의 생일 파티에 백 명이 넘는 손님을 초대했지만 그 가운데 같은 팀 선수는 한 명도 없었다. 팀 동료는 한 명도 초대하지 않은 것이다.

일화가 하나 더 있다. 어느 구단에서 자기 팀에 관심을 둘 만한 선수들에게 작전 설명서를 보내는데, 작전 설명서 마지막 장에 100달러짜리 지폐를 붙여놓았다. 그것을 받은 선수들에게 나중에 설명서를 읽었는지 물어보니 모두 읽었다고는 하면서도 절반 정도가 100달러짜리 지폐 이야기를 하지 않았다. 읽지 않았으면서도 읽었다고 말한 사람이 절반이었던 것이다. 그 절반의 선수들에게 마지막 장에 100달러짜리 지폐를 붙여두었다는 사실을 밝히자 모두 당황했고, 대부분은 읽지 않은 사실을 털어놓았다. 그런데 켈리헨은 지폐 이야기를 듣고 안타깝게도 거짓말을 한 번 더한다. 읽지도 않았으면서 "아! 이제 생각나네요"라고 말한 것이다. 다른 선수들도 이상하게 생각했지만, 특히 클리블랜드 구단 경호실장은 켈리헨이 이런 식으로 자신을 방어하는 사람이라고 비판적으로 평가한다. 브라이언 드류라는 선수만 지폐를 우편으로 돌려보내면서 카드를 동봉하는데, 카드에는 "우승을 안겨드릴 때까지 이건 아껴두세요"라는 문구를 적었다.

브라이언 드류는 언젠가 경기 중에 터치다운을 성공시킨 후, 그 공을 관중석의 여성에게 준다. 이것은 규정 위반이었던 것 같다. 그 사건으로 브라이언 드류는 징계를 받는다. 그런데 공을 받은 여성은 6개월 시한부 인생을 살고 있던 브라이언의 누이였다. 누이는 얼마 후 사망했다. 징계까지 각오하고 브라이언은 누이에게 터치다운을 한 공을 선물했다. 가족을 사랑하는 마음이 그를 징계도 감수하는 행위를 하게 한 것으로 해석된다.

써니는 켈리헨이 욕심났지만, 가장 본질적인 인성 문제에서 안심이 되지 않자, 마지막 선택의 시점에 한 번 더 켈리헨에게 확인한다. "당신 생일에 팀 동료가 왔었는지 진실만 말해달라." 진실을 알고 싶어 하는 써니에게 켈리헨의 대답은 끝까지 바른 길 위에 서지 못한다. "부끄럽지만…… 그날 밤 일이 생각나지 않습니다." 진실을 말하는 대신 생각나지 않는다는 말로 자신을 위장한다. 켈리헨은 "부끄럽지만……"이라고 말은 했지만 아직 부끄러움을 모르는 사람이다. 염치가 없는 것이다. 기능적인 것을 추구하는 욕망이 도덕적 반성 능력이라는 본질적 태도보다 컸다. 써니는 제1지명권을 행사하면서 켈리헨을 선택하지 않는다. 대신 브라이언 드류를 선택한다.

운동선수에게는 운동 능력이 제일 중요해 보인다. 그러나 수준 높은 단계에서는 운동 능력이 단순한 기능이 아니라 인격의 총화임을 안다. 인격적인 문제는 본질이고, 현상적으로 보이는 운동 능력은 기능이다. 이 영화에서는 우리에게 삶의 매 순간에 무엇을 선택해야 하는지를 교훈적으로 보여준다. 더 잘하고 싶으면 기능보다는 본질을 선택해야 한다는 것이다. 어떤 사람들은 대개 이런 수준의 선택을 하면서 앞서 나간다. 목표보다는 목적을 선택한다든지, 성적보다는 인성을 강조한다든지, 시청률보다는 작품성을 더 중시한다든지, 진학률보다는 인간으로서의 완성도를 높이 본다든지 하는 것들이다. 왜 미식축구 선수에게서 거짓말을 하는지의 여부나, 언행일치 여부나, 가식적인 변명으로 자신을 방어하는 치졸함이 있는지의 여부나, 동료와 좋은 관계를 유지하려고 노력하는지 여부를 매우 중요하게 봐야 하는지는 더 수준 높은 실력이란 기능적인 운동 능력보다도 결국 그런 점들로부터 영향을 더 많이 받는다고 믿기 때문이다. 이것이 수준 높은 삶이다. 선진적이고 창의적이며 자유롭고 독립적인 인격들은 이렇게 산다. 인간으로서 지켜야 할 가장 본질적인 문제가 지켜지지 않더라도 운동만 잘하면 된다는 수준에서의 선택은 삶을 기능 속에서 헤어 나오지 못하게 만든다. 그것은 진정한 승리의 길을 보장하지 않는다. 승리의 길 대신에 종속적인 삶으로 인도할 뿐이다.

부끄러움을 아는 것

이런 의미에서 공자도 "특히 지도자급에 해당하는 높이의 사람이라면 기능에 빠지지 않아야 한다(君子不器)"고 말한 것이다. 본질과 기능 사이에서 본질을 선택하는 용기와 지혜를 발휘해야만 제자리에서 뱅뱅 돌거나 좌우를 수평 이동하는 데 머물지 않고, 차원을 높여가며 사회를 전진시킬 수 있기 때문이다. 기능에 빠지지 않는 행위를 하려면 최소한 부끄러움을 아는 내면을 가지고 있어야 한다. 이것이 가장 기본이고, 이 기본이 본질을 선택하게 할 수 있게 한다. 제자 자공이 학문을 닦고 인격을 도야하는 사람이 지켜야 할 가장 기본적인 태도가 무엇이냐고 묻자 공자는 "부끄러움을 아는 것(行己有恥)"이라고 답한다. 부끄러움을 아는 내면을 가졌는지 여부가 그 사람이 어느 정도의 성취를 이룰지 결정한다고 본 것이다.

맞는 말이다. 이것을 우리는 '염치(廉恥)'라고 한다. 수치심, 즉 부끄러움을 아는 자기반성 능력이 인간적인 활동의 출발점이란 뜻이다. 수치심을 모르면 정의로운 길을 선택하기 위해서 불의가 주는 잠깐의 이익을 거부하는 용기를 발휘할 수 없다. 수치심을 모르면 자식 앞에서도 정의롭지 않은 행동을 서슴없이 하거나 심지어는 자식과 함께 부정한 일을 하기도 하는데, 자식과 더불어 누릴 아주 사소한 이익이 삶의 본질적 가치를 오히려 압도해버리기 때문이다. 이런 태도가 자식을 망치는 줄 모르는 것은 부정한 일을 통해서 얻을 작은 이익을 본질적 가치를 지켜서 얻을 이익보다 큰 것으로 여기는 무지와도 관련된다. 지적 능력이 전인적으로 배양되지 않으면, 아무리 학식이 높아도 수치심을 알기는 어렵다.

기능적인 잠깐의 이익을 거부하고 본질을 선택하는 태도에는 용기가 필요하고, 용기는 수치심, 즉 부끄러움을 알아야만 발휘된다. 그래서 《중용(中庸)》은 "수치심을 알아야 용기에 가까워질 수 있다(知恥近乎勇)"고 기록했다. 《관자》는 더 적극적이다. 국가의 기틀 네 가지, 즉 '예(禮)·의(義)·염(廉)·치(恥)'라는 사유(四維)를 제시한다. 수치심은 나라를 지탱하는 기둥 가운데 하나다. 그중에서도 수치심은 정의를 실현하는 기둥이다. 사회에 부끄러움과 수치심을 느끼는 자기반성력이 사라지면 나라의 근간이 흔들려 파멸을 면치 못한다. 수치심이라 불리는 염치가 사라지면 파렴치(破廉恥)한 사회가 되는 것이다. 파렴치한 사회라면 거기서 무슨 일이 가능하겠는가?

　개혁을 완수하고 싶은가? 혁명을 이루고 싶은가? 좋은 부모가 되고 싶은가? 자녀를 잘 키우고 싶은가? 창의적이고 싶은가? 자유로운 삶을 꿈꾸는가? 다른 사람들로부터 인정받고 싶은가? 선도력을 갖고 싶은가? 훌륭한 운동선수가 되고 싶은가? 좋은 가수가 되고 싶은가? 종합적으로 말해, 한 층 더 오르고 싶은가? 기능에 빠지지 않고 더 본질적인 것을 선택하면 된다. 어떻게 하면 선택의 순간에 더 본질적인 것을 고르게 되는가? 염치를 알면 된다. 최소한 부끄러워할 줄만 알아도 한 층 더 높게 오를 수 있다.

내 안의 '아큐'

불교 신자는 아니지만 그래도 가끔 절에 갈 때마다 듣는 말이 있다. "상(相)을 짓지 말라." "성불(成佛)하십시오." 여기서 '상'은 마음속에 스스로 지은 틀이다. 보통은 누구나 이 틀을 통해 세상을 보고 판단한다. 자신의 의견이나 관점도 대부분은 이 틀이 드러난 것일 뿐이다.

'상을 짓지 말라'는 말은 자신만의 틀로 세상과 관계하면 전혀 이롭지 않다는 경고다. 왜냐하면 세상은 넓고 복잡하며 유동적인데, 좁고 굳은 틀을 갖다 들이대면 세상의 진실과 접촉하지 못하고 넓디넓은 세상의 좁다란 한 부분만 접촉하거나 유동적인 세상의 굳은

최진석의 대한민국 읽기

한쪽만을 지키는 꼴이 되기 때문이다. 넓은 것을 좁게 보고 움직이는 것을 정지한 것으로 보면 이롭지 않을 것이 분명하다.

자신만의 생각에 갇히지 않는 사람

세상의 진실이 아니라 자신이 정해놓은 진실을 배타적으로 강요하는 일을 '상을 짓는다'라고도 하고 '소유(所有)한다'라고도 한다. 따라서 상을 짓지 말라는 말은 무소유(無所有)하라는 말과 같다. 상을 짓지 않거나 무소유하면 진실을 접촉할 수 있다. 세계의 진실을 접촉하는 능력을 갖춘 사람은 판단이나 결정을 그 흐름에 맞게 할 수 있으므로 성공한다. 그 흐름에 맞추지 못하면 실패하고 패망할 수밖에 없다.

불교의 관점에서 보면 가장 크고 강한 존재가 바로 부처다. 부처는 세상은 한순간도 멈춤이 없고 고정된 뿌리를 가진 것이라고는 하나도 없다고 말한다. 세상의 진실은 이러하다. 그래서 한 생각이나 한 대상에 밀착하는 행위인 집착이 가장 헛된 일이다. 헛된 생각과 헛된 행위로는 어떤 일도 이룰 수 없다. 상을 짓지 않음으로써 헛된 생각과 헛된 행위를 벗어날 수 있으면 그 순간 부처가 된다. 가장 큰 사람이 되는 것이다. 상을 짓지 않으면 부처 정도의 큰 사람이 되고, 부처 정도의 큰 성취를 이루려면 상에 빠지지 않아야 한다. 다른 가르침에서 추앙하는 성인도 이에 가깝다. 결국 가장 큰 인격은 자신만의 생각에 갇히지 않는 사람이다. 경청(傾聽)이 중요한 이유다.

상을 튼튼하게 가진 사람은 주관적이고 비과학적이며 가벼이 덤비고 고집스럽다. 게다가 세상이 자신의 상과 다르게 돌아갈 때, 자신의 상을 바꾸지 않고 오히려 정당화한다. 자신의 조국 중국의 패망을 보고 한탄하다가 구국의 길에 들어선 루쉰(魯迅)은 패망의 원인을 우선 중국인의 정신이 열등해진 것에서 찾았다. 그 열등성이란 바로 실력이 없어 당했으면서도 그 파멸의 상황을 애써 외면하고, 더 나아가 자신이 진 것은 아니라고 정당화하는 점이었다. 이것을 '정신 승리법'이라고 한다.

내 안의 아큐

아편전쟁으로 완전히 망가지고 나서도 어떤 부류의 중국인들은 물질문명에서는 졌지만 정신문명이나 도덕성은 중국이 서양에 앞선다고 주장한다. 이것도 구체적인 사실을 왜곡하여 정신적으로 스스로를 위로하고 정당화하는 것일 뿐이다. 이런 유형의 패배주의적 인간에게 루쉰은 '아큐(阿Q)'라는 칭호를 붙였다. 아큐는 패배주의적 심리 상태 속에서 큰 능멸을 당하고도 마음속으로는 이겼다고 자위한다. 이긴 것으로 자위하려면 돌아가는 판을 자신의 상에 맞춰 멋대로 해석하고, 보고 싶은 대로만 본다. 옆에서 악마가 자라고 있어도 그것은 다른 악마에 대항하려는 것이지 자신과 같이 선한 사람을 해치지는 않을 것이라고 믿는다. 게다가 자신이 마음만 먹으면 제압할 수 있지만, 일부러 그렇게 하지는 않는다고 허풍도 친다. 내 안에 아큐는 없는지 항상 확인이 필요하다.

아무리 크고 아름다운 말도 상에 갇히면 추하고 악하고 비효율적이다. 행복, 자유, 평등, 평화, 봉사, 독립, 깨달음 등 다 좋은 말이지만 항상 좋기만 하도록 태어나지는 않았다. 뿌리를 고정하지 않고 세상의 흐름에 맞춰 유동성을 발휘할 때만 좋은 의미 그대로 드러날 것이다. 평화도 자신의 상에 갇혀 주의가 되면, 악마를 부르는 호루라기가 될 뿐이다. 깨달음도 자신의 상에 갇히는 순간 그저 완고한 고집으로 전락한다. 상을 따라 보고 싶은 대로 보거나 봐야 하는 대로 보는 일은 아큐가 걷는 실패의 길이다. 성공하고 싶으면 상을 걷어내고 보이는 그대로 보는 과학적 태도와 친해야 한다.

시선의 차이

한나 아렌트의 시선

현대의 걸출한 철학자 마르틴 하이데거(Martin Heidegger)와 카를
야스퍼스(Karl Jaspers)에게서 배운 한나 아렌트는 인간의 조건이나
악의 평범성 말고 혁명에 관해서도 말한다. 대부분의 현대인에게
혁명의 보편성은 줄곧 프랑스혁명이 대표해왔는데, 아렌트는 미국
혁명에 주목하고, 그것을 프랑스혁명과 함께 다룬다. 자신의 망명을
받아준 미국을 높이려는 것은 아니었다. 나는 여기서 아렌트가 정
치적인 것과 사회적인 것을 구별하는 논리를 전개하며 사회적인 문
제가 혁명의 정치성을 말살한다는 통찰을 보여준 점만을 다시 들추
려는 것이 아니다. 아렌트의 본의가 아닐 수도 있지만 내게는 매우

중요하게 보이는 어떤 점을 살펴본다.

아렌트에 따르면, 혁명에는 '새로운 시작'과 '자유'라는 두 가지 목표가 반드시 있어야 한다. 당연한 말이다. 프랑스혁명이나 미국혁명이나 모두 자유를 기치로 든 것은 같다. 하지만 아렌트가 보기에 미국혁명은 성공적이었던 반면, 프랑스혁명은 그다지 성공적이지 않았다. 프랑스는 혁명이 시작되고 나서 바로 빈곤으로 대표되는 사회적인 문제에 혁명의 역량을 집중한 반면, 미국혁명은 자유라는 어젠다를 줄곧 견지한 것이 이런 차이를 만들어냈다.

빈곤과 같은 사회 문제는 본질적으로 인간이 존재하기 위해서 있어야 하는 가장 직접적이고 구체적인 것으로서 자연적인 필연성에 따른다. 그래서 그 어떤 것보다 강력한 힘을 갖는다. 이런 연유로 사회 문제는 인간이 구체적이고 직접적인 세계를 내려다보며 그것을 다루기 위해 구성해가는 혁명의 정치성을 약화시킬 가능성이 크다. '자유'의 어젠다는 '빈곤 해결'이라는 구체적 정책보다 높은 곳에 있다. 높은 어젠다를 지키느냐, 아니면 가장 중요해 보이지만 낮게 존재하는 사회적 문제에 집중하느냐가 혁명의 효율성을 다르게 했다. 사회 문제의 해결이 중요하지 않다는 말은 절대 아니다. 사회 문제에 집중하느라 '자유'라는 높은 어젠다를 소홀히 할 수밖에 없는 구조가 함정인 것이다.

대학에서 학생들을 지도하다 보면, 새롭게 느끼고 알게 되는 것들이 있다. 학생들 가운데 대학에 들어와서 크게 성장하는 집단이 있는가 하면, 그렇지 못한 집단도 있다. 이 두 집단이 성장의 차이를 보이는 이유가 있다. 크게 성장하는 학생들은 고등학생 때부터 나름대로 꿈이 있어서 그것을 이루려고 대학에 왔거나 고등학생 때는 꿈이 없었더라도 대학에 들어와서 도달하고야 말겠다는 꿈을 갖게 된 경우다.

크게 성장하지 못하는 학생들에게도 공통된 특징이 있다. 그들에게는 꿈이 없다. 대학 합격이 가장 큰 목표였을 뿐이다. 이런 학생들은 대학 생활을 매우 무료하게 보내거나 학점 관리 내지는 자극적인 쾌락에 빠져 시간을 보내다 졸업한다. 자기 생활이 꿈으로 관리되느냐 아니면 눈앞의 학점을 위한 것이냐가 성장 여부를 결정한다. 학점은 소홀히 할 수 없는 중요한 것으로서, 대학 생활의 성공 여부를 드러내는 핵심적인 지표 가운데 하나다. 하지만 대학 생활의 모든 역량이 학점을 관리하는 데 투입되느냐, 아니면 그 학점 관리가 꿈을 이루기 위한 수단이냐는 매우 다른 결과를 보여준다. 대학 합격도 직접적이고 중요한 목표다. 하지만 머리에 대학 합격이라는 목표만 담고 있는 사람과 대학 합격을 꿈을 이루기 위한 수단으로 간주하는 사람의 인생 사이에는 그 높이와 넓이에 큰 차이가

최진석의 대한민국 읽기

있을 수밖에 없다.

낮은 시선과 높은 시선

방송사 입장에서 프로그램 시청률은 매우 중요하다. 하지만 방송사가 지향하는 비전을 소홀히 하면서 시청률에만 집중하다 보면, 방송 본연의 자세를 잃고 결국에는 있으나 마나 한 방송사로 전락한다. 대학의 취업률도 직접적이고 중요한 일이다. 하지만 대학이 시대를 열고 또 책임지는 인재를 배양한다는 큰 사명을 뒤로 미루고 취업률에 집중하기 시작하는 순간 취업률 높이는 일 이외의 것들은 눈에 깊이 들어오지 않게 된다. 그래서 취업률을 관리하는 그저 그런 대학으로 연명해나갈 뿐이다. 고등학교도 대학 진학률에만 매달리다가는 여러 고등학교 가운데 명패 하나로만 남는 또 하나의 학교로 전락할 뿐이다. 눈앞에 닥친 일에만 집중하다가는 정작 중요한 일을 놓칠 수밖에 없다.

낮은 시선은 낮고 작은 결과를 낳는다. 높은 시선은 높고 큰 결과를 준다. 자유를 추구하면 자유가 처한 높이에 이르고, 자유를 잠시 제쳐두고 빈곤만 해결하려고 들면 빈곤이 처하는 높이에 머문다. 날고자 하면 날 것이고 머물고자 하면 머물 것이다. 혁명만 그러하랴. 인생사 모든 일이 다 그러하다.

시선의 높이가 중요한 이유

세계를 대하는 방식은 여러 가지다. 그중에 좌나 우로 대하는 방식이 있을 수 있다. 동과 서로 보는 것도 이와 유사하겠다. 높낮이가 없이 방향만 따지는 평면적 방식이다. 이와 달리 상과 하를 가지고 볼 수도 있다. 높낮이를 따지는 방식이다. 평면적이라기보다는 입체적이다.

칩

가끔 이런 질문을 해본다. "세상에는 여러 칩(chip)이 있습니다. 반도체 칩이 있고 감자 칩이 있다고 합시다. 어느 것을 더 높게 평가해야 합니까?" 많은 대답은 이렇다. "반도체 칩에는 반도체 칩의 역할이 있고, 감자 칩에는 감자 칩의 역할이 있습니다. 각자 고유한 역할을 따로 갖는다는 점에서 높낮이를 따질 수 없습니다."

매우 세련된 대답 같지만, 꼭 그렇지만은 않을 수도 있다. 반도체 칩이 감자 칩보다 높게 평가될 수 있다. 왜 그런가? 그것은 생산할 때 쓰이는 지식과 이론의 높낮이가 다르기 때문이다. 반도체 칩을 만들 때 적용되는 지식과 이론이 감자 칩을 만들 때 쓰이는 지식과 이론보다 높다. 지식이나 이론은 인간이 세계를 통제하려고 만든 고효율의 장치다. 높은 이론은 높은 곳에서 통제하고 낮은 이론은 낮은 곳에서 통제한다.

더하기 빼기와 삼차방정식이 있다고 하자. 이 둘 사이에도 분명히 높낮이가 있다. 더하기 빼기는 낮고 삼차방정식은 높다. 높은 곳에 있는 것은 큰 통제력을 발휘하고, 낮은 곳에 있는 것은 작은 통제력을 발휘한다. 삼차방정식은 더하기 빼기보다 더 큰 통제력을 행사한다. 내적으로 보면 통제력이고 외적으로 보면 영향력이다. 반도체 칩이 감자 칩보다 더 높게 평가받는 이유는 더 높은 수준의 지식과 이론을 적용함으로써 더 큰 영향력을 행사할 수 있기 때문이다.

시선의 높이

비슷한 질문을 내용만 바꿔서 해보기도 한다. "높은 문명과 낮은 문명의 차이가 있습니까, 없습니까? 혹은 앞선 문명과 뒤따라가는 문명 사이에 차이가 있습니까, 없습니까?" 칩에 관한 질문을 할 때보다 대답이 더 빠르고 단호하다. "문명 사이에는 높거나 낮거나 혹은 앞서거나 뒤서거나의 차이가 없습니다. 각자의 문명은 각기 다른 전통과 가치를 가지고 있으므로 모두 동등합니다."

꼭 그렇기만 한가? 문명을 구성하는 것 가운데 가장 직접적인 것이 물건이다. 그렇다면 우리가 사용하는 물건 가운데 우리가 가장 먼저 만들기 시작한 것이 있는지 보자. 한글 이외에는 찾기가 매우 어렵다. 제도를 보자. 우리가 만들어서 사용하는 제도가 있는가? 사상이나 생각의 방식도 한번 보자. 우리가 만들어서 사용하고 있는 것이 있는가? 거의 없다. 물건이나 제도나 철학은 문명의 총체다. 이것들을 먼저 만들면, 세계에 새로운 흐름을 만들 수 있으므로 주도권을 갖게 된다. 흔히 말하는 일류(一流)의 높이다. 흐름의 주도권을 잡으면 선진국이고 전략 국가다. 그러지 못하면 후진국이고 전술 국가다. 선진국은 앞서고 후진국은 뒤따라간다. 높은 문명은 위에서 누르고 낮은 문명은 아래에서 눌린다.

높낮이로 봤을 때, 보이지 않는 세계가 보이는 세계를 통제한다.

지식과 이론은 보이는 세계가 아니다. 관념 세계다. 감각 경험을 벗어난 읽히는 세계다. 감각되고 경험되는 세계를 현상 세계라 한다. 따라서 이론적인 관념의 영역은 현상적이고 감각적인 현상의 영역에 '관한' 것으로서 부차적인 것으로 보이지만 통제력이나 영향력은 더 강하다. 이렇게 본다면 시선의 높이가 만지고 볼 수 있는 세계에 있는 것보다 보이지 않고 만질 수 없는 세계에 있는 것이 통제력이라는 의미에서는 더 유리하다.

보고 만지는 감각 경험 세계에서 쾌락을 만드는 일이 예능이다. 보이지 않고 만질 수 없는 높이에서 쾌락을 다루는 일을 예술이라고 한다. 무엇을 즐기는가의 문제가 아니라 시선이 어느 높이에 있는지가 더 중요하다. 그것이 삶의 질과 양을 결정하기 때문이다. 온 나라가 예능에 빠져 있다. 심지어는 정치와 지식도 예능에 잡혀 있다. 모두 예능을 찾기 때문이다. 우리는 지금 어디에 있는가? 예능의 높이에 있다.

세계는 좌우만 따지면 높이를 갖지 못하고, 높낮이만 따지면 넓이를 갖지 못한다. 하지만 혁명, 진보, 개혁 등은 같은 높이에서 처지만 바꾸는 것이 아니라 고도를 높이는 일이라는 것은 분명하다. 처지와 입장만 바꾸는 것은 개량일 뿐이다. 이제는 높낮이를 살펴야 할 때가 아닐까?

최진석의 대한민국 읽기

ⓒ 최진석 2021

1판 1쇄   2021년 5월 3일
1판 7쇄   2024년 11월 25일

지은이   최진석
펴낸이   고진
디자인   육일구디자인
마케팅   김학홍
펴낸곳   (주)북루덴스
출판등록   2021년 3월 19일 제2021-000084호
주소   서울시 중구 을지로 새 특 4-2호
전자우편   bookludens@naver.com
전화번호   02-3144-2706

ISBN 979-11-974349-0-7 03300